本书获教育部人文社会科学研究专项任务项目：中国式现代化视域下"丰富人民精神世界"的马克思主义基础理论研究（23JD710018）资助

U0366411

数智教育
赋能精神生活共同富裕研究

应秋阳 著

上海交通大学 出版社
SHANGHAI JIAO TONG UNIVERSITY PRESS

内容提要

　　本书运用马克思主义理论、人工智能、大数据、教育学、管理学、社会学及博弈论等理论和方法,对数智教育赋能精神生活共同富裕展开研究,以马克思主义关于精神生活共同富裕理论为依据,结合我国在数智时代面临的物质生活和精神生活共同富裕的现状,以数智化教育这一新兴要素和时代条件构建数智教育赋能精神生活共同富裕模式,并对数智教育赋能精神生活共同富裕实践进行实证研究和仿真模拟,积极探索数智教育赋能精神生活共同富裕的未来发展方向和实践路径。

图书在版编目(CIP)数据

　　数智教育赋能精神生活共同富裕研究 / 应秋阳著.
上海:上海交通大学出版社,2024.8 — ISBN 978-7-313-
31392-8

　　Ⅰ.F124.7

　　中国国家版本馆 CIP 数据核字第 20244WP896 号

数智教育赋能精神生活共同富裕研究

SHUZHI JIAOYU FUNENG JINGSHEN SHENGHUO GONGTONG FUYU YANJIU

- -

著　　者:应秋阳
出版发行:上海交通大学出版社　　　　　　地　　址:上海市番禺路 951 号
邮政编码:200030　　　　　　　　　　　　电　　话:021-64071208
印　　刷:江苏凤凰数码印务有限公司　　　经　　销:全国新华书店
开　　本:710mm×1000mm　1/16　　　　印　　张:10.5
字　　数:194 千字
版　　次:2024 年 8 月第 1 版　　　　　　　印　　次:2024 年 8 月第 1 次印刷
书　　号:ISBN 978-7-313-31392-8
定　　价:69.00 元

前　言

　　党的二十大报告指出,中国式现代化是全体人民共同富裕的现代化①。共同富裕是社会主义的本质要求,是中国式现代化的重要特征。共同富裕包含了全体人民精神生活共同富裕,是人民群众物质生活和精神生活都富裕。精神生活共同富裕是全体人民群众的共同期盼,是国家强基惠民的德政工程。精神生活共同富裕的实现程度,关系着群众幸福感和获得感,影响着共同富裕的成色。在满足物质生活需要的基础上,必须充分认识精神生活共同富裕的重要意义,把实现精神生活高质量发展作为共同富裕事业的重要内容。坚持不懈地用多样化、多层次、多方面的精神内容满足人民群众的美好生活需要、促进人的全面发展,不断在精神生活共同富裕取得实质性进展。

　　教育是国之大计、党之大计。教育作为人力资本投资的重要形式,在促进精神生活共同富裕中发挥着重要的作用,办好人民满意的教育,既是精神生活共同富裕的重要内容,也对扎实推动精神生活共同富裕发挥重要作用。教育数智化是教育改革的重要议题。随着教育数智化的深入,其已成为实现教育高质量发展的重要手段和有效渠道,为我国高质量教育体系建设注入强劲动力。在创建精神生活共同富裕的时代背景下,加快推进教育数智化转型,不仅是落实国家教育数智化战略行动的内在要求,也是建设教育强国、推动精神生活共同富裕、实现广大学子自由而全面发展的必然选择。

　　数智教育既是关乎民生的具体行动,更是关乎国计的重大战略,通过科技赋能和数据驱动,将全方位赋能教育变革,系统性建构教育与社会关系新生态,为

---

① 习近平.高举中国特色社会主义伟大旗帜 为全面建设社会主义现代化国家而团结奋斗[N].人民日报,2022-10-26.

每个受教育者提供适合的教育,让因材施教的千年梦想变成现实,将首次历史性地实现微观层面的个人发展与宏观层面的社会发展全面高度统一。数智教育将突破学校教育的边界,推动各种教育类型、资源、要素等的多元结合,推进学校家庭社会协同育人,构建人人皆学、处处能学、时时可学的高质量个性化终身学习体系。数智教育将聚焦发展素质教育,基于系统化的知识点逻辑关系建立数字化知识图谱,创新内容呈现方式,让学习成为美好体验,培养受教育者高阶思维能力、综合创新能力、终身学习能力。

数智教育以数据治理为核心、数智技术为驱动,整体推进教育管理与业务流程再造,提升教育治理体系和治理能力现代化水平。数智时代需要制定因地适宜、因时而进的数智教育赋能精神生活共同富裕的相关政策,真正落实立德树人的根本任务,加强我国教育共同体互促共进,扩大优质资源覆盖面,促进教育公平发展,阻断贫困的代际传递,使数字化转型赋能精神生活共同富裕的各个环节,使教育红利惠及每一个人。

目　录

第 1 章
数智教育赋能精神生活共同富裕的背景和意义

1.1 数智教育赋能精神生活共同富裕的背景

当前,我们正处于数智技术火然泉达并遍地开花的发展阶段,数智技术在教育领域有机融合并快速衍生,不断革新和深化数智教育赋能精神生活共同富裕的机制和模式。近年来,AI、5G 等数智技术的蓬勃发展在全世界范围内创新创造了众多具有极大应用价值的路径和程序,技术应用的预想和前景不断刷新认知,数智技术的发展效能不断挑战人类对新兴事物的可掌控的能力和水平。通过收集、分析、处理、呈现在现实生活中错综复杂的相关情况,整合相应信息并转化为可以满足不同情况、不同要求的多元化表现形式。以此为基础,能够进一步在数据获取、存储、分析和决策等方面培育形成数智技术在赋能精神生活共同富裕的独特应用优势。因此,迫切需要一套适应当前现实情况的、未来需要的、发展要求的解决方案和模式架构。

共同富裕是古今中外的人类共同追求和美好愿景,关系着全世界人类共同的生存和发展的命题。人民精神生活共同富裕是共同富裕的重要内在维度。随着人类社会的不断发展,精神生活的重要性越来越显著,精神生活的共同富裕受到全人类的广泛关注和深刻重视。步入新征程,我国已进入扎实推进共同富裕的阶段,党和国家把人民精神生活共同富裕问题摆到了更加重要的位置。人民精神生活共同富裕反映着一个国家整体在精神文化层面的发展程度,关涉着人民美好生活的实现,是我国实现第二个百年奋斗目标新征程的重要标尺,促进人民精神生活共同富裕势在必行。精神生活共同富裕事业已经引起了当今世界的全方位关注和聚焦。

马克思恩格斯的相关思想理论成为当今我国提出精神生活共同富裕理论、建设精神生活共同富裕事业的重要指导思想之一。19 世纪,工业革命席卷欧洲,马克思、恩格斯为了拯救和帮扶广大无产阶级和被剥削者摆脱穷困潦倒的命运,承诺人的自由而全面发展的本质要求,深入剖析了无产阶级陷入贫困的系统性社会性的根本原因,揭露了资本主义制度不公正不人道的种种弊端,最终总结和凝聚为马克思主义经典作家关于精神生活共同富裕的理论体系和思想缘起。

精神生活共同富裕作为共同富裕的重要组成部分,离不开共同富裕事业的规律和原理。改革开放后,我们党深刻总结正反两方面历史经验,认识到贫穷不是社会主义,必须打破传统体制束缚,解放和发展社会生产力。改革开放设计者邓小平同志说过,要让一部分人先富起来,先富带动后富,最终实现共同富裕。"先富带后富"是一个逻辑整体,既要鼓励"先富",激发发展活力;也要带动"后富",体现社会公平。由此可得,精神生活共同富裕是全体人民的富裕,不是少数人的富裕,实现精神生活共同富裕,离不开"先富带动后富"的有效路径。党的十八大以来,许多先富群体利用自身技术、资金、资源等优势,努力参与共同富裕和可持续社会价值创新等工程,在乡村振兴、低收入人群增收、基层医疗体系完善、教育均衡发展等民生领域发挥能量,以实际行动践行着先富带后富、帮后富的奋斗目标。

共同富裕是物质富足和精神富有,这是社会主义现代化的根本要求。共同富裕是全体人民共同富裕,是人民群众物质生活和精神生活都富裕。让人民群众享受良好教育,既是精神生活共同富裕的重要内容,也是实现精神生活共同富裕的重要推动力。在已经实现全面小康的基础之上,站在实现第二个百年奋斗目标新的历史起点,探讨人民精神生活共同富裕,是回答新时代新征程推动精神生活共同富裕理论研究与化解实践困境的关键所在。

教育是国之大计、党之大计;教育兴则国家兴,教育强则国家强。党的十八大报告中倡导推进教育公平,提出要优化教育资源配置,以农村边远地区、贫困民族地区等地方为重点,关注特殊教育领域,持续推进学生资助体系建设,"让每个孩子都能成为有用之才"①。习近平总书记在中共中央政治局第五次集体学习时强调:"建设教育强国,是全面建成社会主义现代化强国的战略先导,是实现高水平科技自立自强的重要支撑,是促进全体人民共同富裕的有效途径,是以中国式现代化全面推进中华民族伟大复兴的基础工程""教育数字化是我国开辟教育发展新赛道和塑造教育发展新优势的重要突破口"②。习近平总书记在党的二十大报告中强调,"健全基本公共服务体系,提高公共服务水平,增强均衡性和可及性,扎实推进共同富裕""推进教育数字化,建设全民终身学习的学习型社会、学

---

① 胡锦涛.坚定不移沿着中国特色社会主义道路前进为全面建成小康社会而奋斗——在中国共产党第十八次全国代表大会上的报告[J].求是,2012(3).
② 习近平.加快建设教育强国 为中华民族伟大复兴提供有力支撑[N].人民日报,2023-05-30(001).

习型大国"①。

以上相关论述可见党中央针对教育赋能精神生活共同富裕系列项目的重视程度。所以,开展数智教育赋能精神生活共同富裕研究,不仅是实现全民终身学习的学习型社会、学习型大国的关键环节,同时更是面建成社会主义现代化强国这一社会主义现代化目标的重要要求,我们要牢牢把握新一轮科技革命和产业变革深入发展的机遇,深刻认识数智教育赋能精神生活共同富裕的重要意义,深入研究数智教育赋能精神生活共同富裕的方法路径。

1.1.1　数智教育赋能精神生活共同富裕实践的客观需要

数智时代来临,教育赋能精神生活共同富裕变革迎来了机遇和挑战。政府之前主导下的精神生活共同富裕实践,一定程度上形成了偏重于经济援助办法的路径依赖,往往不重视创新精神富裕共同富裕的独特办法,这导致教育赋能共同富裕的研究在理论上受到一定程度的蒙蔽和忽视,在实践中也得不到应有的重视。

过往"输血式"的共同富裕办法策略,在深入推进的实践进程中暴露出越来越多的弊端。地方政府花费了过多的人力资源、物质资源、政策资源等以临时达到精准脱贫甚至乡村振兴的表象体现。但"输血式"的共同富裕带来的并不是贫困家庭真实情况的"后富",而是一种暂时性的状况,这也导致精准扶贫事业的宝贵成果由于这不是"主动式"脱贫而是"被动式"脱贫的单向输入的共同富裕而显得摇摇欲坠、风雨飘摇。这种共同富裕没有及时给予"后富"的人群和家庭创设相应的抵御返贫风险和制造富裕前景的水平和能力,一旦帮助他们共同富裕的泉涌"退潮",这些"后富"人群和家庭可能就会受到多种多样的风险挑战的冲击,从而导致来之不易的财富付之东流,最终堕入贫困和平庸的队伍中。另外,当前共同富裕事业采取的大多是粗放式的瞄准方式和开发措施,这样的方式便容易造成一系列问题,如目标偏离、识别不准、效果不理想、资源被贪污等。

数智教育是精神生活共同富裕的一项重要工具。人工智能是手段而非目的,人工智能之于教育应重点考察教育需要人工智能做什么。人工智能解决的不仅是技术问题,而且是基于脑力替代的系统变革与发展问题,它是对技术原有教育功能的集成与提升,其始于规模,终于个性化与精准化。当下教育本质是提高生命质量与生命价值,教育需要人工智能以个性化为基点,带动全纳、公平、质

---

① 习近平.高举中国特色社会主义伟大旗帜 为全面建设社会主义现代化国家而团结奋斗[N].人民日报,2022-10-26.

量与终身学习等时代要素发展,进而推动教育系统变革,提升人的生命质量与价值①。教育赋能精神生活共同富裕的出发点和落脚点在于消除贫困,治愈愚昧,抑制不平等,培育实用智慧。通过应用包括人工智能等的数智技术,实现从数据资料到信息整合、从一般知识到综合智慧、从刻板操作到主动应用的时代性跨越,提升"后富"人群致富能力和素养,即提高"后富"群体改善现状、创造美好愿景的智慧水准,使"富口袋"与"富脑袋"齐头并进,在此基础上稳固精准扶贫的基础,让"输血型"的精准扶贫升华为"造血型"的精神生活共同富裕的新阶段。

1.1.2 兑现联合国千年发展目标和可持续发展目标的现实需要

2000 年 9 月,世界各个国家领导人在联合国千年首脑会议上讨论了一系列困扰全球的问题,在会议中商讨确定了一整套包括八项在内的有时限的目标及其对应的指标,并承诺在五年之内完成。2015 年 7 月我国外交部在《中国实施千年发展目标报告》中指出,中国对千年发展计划实施提前实现了,并得到了联合国的充分肯定②。1990 年,我国农村的"贫困"群体占比超过六成,到了 2002 年下降至三成,中国先于其他国家达成了联合国提出的减贫目标,全球减贫计划中,七成以上是中国贡献的。其中中小学普及率成效显著,据统计,2017 年贫困农村地区人口未完成初等中学教育的比例为 15.2%(不包括 16 岁以下居民),同比 2012 年的数据降低了 3.0 个百分点。在 2017 年北京举办的"减贫与发展高层论坛"上,包括联合国秘书长古特雷斯在内的联合国官员都认同了中国在共同富裕方面取得的突出成绩,对联合国乃至世界范围内的共同富裕事业都起到了显著的积极意义。

联合国可持续发展目标(Sustainable Development Goals),是联合国制定的17 个全球发展目标,在 2000—2015 年千年发展目标到期之后继续指导 2015—2030 年的全球发展工作。可持续发展目标旨在从 2015 年到 2030 年间以综合方式彻底解决社会、经济和环境三个维度的发展问题,转向可持续发展道路。可持续发展目标作出了历史性的承诺:首要目标是在世界每一个角落永远消除贫困。为了未来进一步实现联合国的可持续发展目标,必须实施负责任创新,推广全局性工程,以整体、全面的眼光看待高度复杂系统中的技术干预,加强参与者的对话,解决各种相互交织的伦理问题③。

---

① 朱敬,蔡建.从"人工智能能做什么"到"教育需要人工智能做什么"——兼论教育需求的隐匿与突显[J].中国教育学刊,2020(10):15 - 20.
② 外交部.中国实施千年发展目标报告(2000—2015 年)[R].2015
③ 杰伦·冯·登·霍温,刘欣.面向联合国可持续发展目标的负责任创新和全局性工程[J].大连理工大学学报(社会科学版),2018,39(02):1 - 5.

　　回首我国几十年的实践经验,摸索出诸多通过教育促进精神生活共同富裕的经验。中国共同富裕事业取得了巨大成就,其中一个重要的经验,就是习近平总书记总结出来的"六个精准",即"扶贫对象要精准、项目安排要精准、资金使用要精准、措施到位要精准、因村派人要精准、脱贫成效要精准"。这是习近平总书记贡献给世界减贫事业的中国智慧,也是中国扶贫减贫实践的科学总结①。这已经成为新时代中国特色社会主义伟大实践向广大发展中国家的宝贵经验和重要启示。处于后发地位的广大发展中国家在追求精神生活共同富裕的道路上,应当在战略层面上倾向于加大教育对于精神生活共同富裕促进作用的关注和投入,有效稳定和发展本国的教育队伍,充分挖掘教育的社会功能和外溢效能,全方位地切实提高全体国民自身素质,将国际千年计划和可持续发展目标在更高层次更好更圆满地完成。

1.1.3　实现人的自由而全面发展的重要途径

　　关于人的发展问题研究,既是一个历史和时代命题,也是马克思主义哲学的一个根本问题。人的本质是"哲学上最高的东西"。马克思主义认为,人是社会实践的主体,既被现实社会所塑造,又在推动社会进步中实现自身发展。建设什么样的社会、实现什么样的目标,人是决定性因素。推动人民精神生活共同富裕,不断满足人民日益增长的高质量精神生活发展的需要,不仅丰富了人民的精神生活,也对人的发展发挥了举足轻重的作用。习近平总书记强调,必须坚持以人民为中心的发展思想,特别是多次深刻指出要"不断促进人的全面发展"。这是对马克思主义"人的全面发展"理论的继承和发展,是习近平新时代中国特色社会主义思想的重要内容,也是实现中华民族伟大复兴的根本之所在。以马克思主义"人的全面发展"理论为指导,审视新媒体技术与人的全面发展的关系,既是人类面对自身发展客观审视的需要,也是丰富中国特色社会主义新时代马克思关于"人的全面发展理论"的内在需求②。

　　实现人的全面发展,是马克思主义追求的根本价值目标,也是共产主义社会的根本特征。马克思提出,虽然说人的需要涵盖多种层次,但最后能够真正反映人类发展内容和水平的,却只有现实需要的结构。人类需求层次中,生存的物质需求独占鳌头。随着工业革命敲开资本主义大门,生产力高速繁荣。此时人类所需的生存物质需求在一定程度上可以得到必要的满足,然而人们的精神领域却显得极其的单薄。马克思恩格斯反精神贫困思想有两个主要理论来源,一方

---

① 唐任伍.全球减贫治理的中国智慧[J].人民论坛,2017(30):56-57.
② 张旭.新媒体技术下大学生全面发展的理论思考——以马克思主义"人的全面发展"理论为视角[J].江苏高教,2020(01):102-106.

面来自马克思对黑格尔精神贫困思想的反思,另一方面来自马克思恩格斯对费尔巴哈关于精神贫困认识的反思①。

马克思极度抨击资本主义社会,他指出资本主义社会立足于其本质,它必然持续引起人类部分不必要的、甚至导致人类退化的需求。在《1844年经济学哲学手稿》中,马克思以共产主义理论为基础,阐述了人的全面发展思想。人的发展的条件与人的发展的内容是紧密联系在一起的。众所周知,劳动产品是人的劳动对象化的产物,人的劳动对象化的产物是属于劳动者自己的。但在资本主义生产方式下,劳动者与劳动资料相分离,劳动资料不是被劳动者所拥有,而是牢牢掌握在资本家手中,这致使劳动者无法正常的、自由的实现与劳动资料的结合。劳动者不占有劳动产品,由资本家占有,使得劳动产品与工人相异化②。

马克思强调的"人的全面的发展",实质上是"人的本质力量的展示"和"人的本质力量的发展"。因此,发展需求不仅是为了满足需求本身,而应当是引导人们深层次提升自我的需求,提高需求层次的质量。马克思主义关于人的全面发展,强调的不是片面的发展、畸形的发展、不自由的发展、不充分的发展,而是全面的发展、和谐的发展、自由的发展、充分的发展。现代化最为重要的是人的现代化,促进人的自由全面发展是中国式现代化的核心目标。没有信息化就没有现代化,没有数字化就没有中国式现代化的蓬勃发展。数字社会视域下,需要进行一种适应性变革和调适,进一步释放数字生产力,夯实人的自由全面发展的物质基础;加强数字可行能力建设,为人的自由全面发展提供必要的基础保障;提升数字文化力,为人的自由全面发展提供坚实的精神文化支撑③。

促进人的自由且全面的发展是一种长期系统的复杂社会机制,需要营造各种各样的有利条件,在其中教育是一种必不可少的重要手段。教育可以增长个人知识层面、提升个人综合能力,并且能够启发人类的创造性思维,全面提高人口素质,在通俗意义上,教育是完善人、改造人的一种必要途径。工业化时代的教育基于服务社会发展需要的功能性谋划,以"开发人力"为培养人的主要目标。教育价值应实现从"用人"到"为人"的迭代。满足人——通过价值引领,实现人精神世界的富足;承认人——促进人自我认同与共同体意识的培养;解放人——为个体赋权增能,实现人的生命自觉,是实现人真正意义上的全面发展的价值指向,也是教育价值向内聚敛与向上提升的自觉努力④。在数智时代,科学技术蓬

① 刘力波,赵亮.马克思恩格斯反精神贫困思想及其当代启示[J].思想教育研究,2023(12):51-57.
② 刘晋如,朱炳元.马克思反贫困思想的演变与发展——基于《1844年经济学哲学手稿》和《资本论》的文本考察[J].当代经济研究,2022(11):16-25.
③ 李韬.数字社会视域下中国式现代化与人的全面发展[J].人民论坛,2024(04):51-53.
④ 孙元涛,陈港.共同富裕时代教育价值的内敛与提升——马克思人的全面发展理论的时代性转化[J].教育研究,2023,44(12):67-75.

勃发展,知识在整个社会资源中的地位越来越重要。知识资源的不断开发与进步就很有可能改变我们在经济上的竞争与对立的关系,从而为我们实现自由而全面的发展创造更多的条件。我们只有不断地接受好的教育,获取到更多更全面的知识,才能培养我们自己全面发展的能力,在这基础上才能实现人的自由而全面的发展。

从马克思关于人的本质的相关思想出发,共同富裕时代人的全面发展在主体需求、社会关系、自主实践三个维度呈现出新特征。作为个体的人,只有人的生理素质、心理素质、思想道德素质和科学文化素质等得到发展和完善,每个人都可以按自己的天赋、特长、爱好,自由选择活动领域、自由选择生活空间、自由选择发展方向,既能够从事体力劳动,又可以从事脑力劳动,既能够参加物质生产劳动,又可以参加精神文化活动,促进每一个人的主体活动都成为自己本身的主人,才是自由发展的真谛。

1.1.4　实现中国式现代化宏伟目标的内在要求

党的二十大报告指出,中国式现代化是中国共产党领导的社会主义现代化,既有各国现代化的共同特征,更有基于自己国情的中国特色[①]。促进人民精神生活共同富裕既是实现人的全面发展的重要维度,也是人民美好生活全面实现的关键向度,更是社会主义现代化强国建设的价值尺度。立足中国式现代化的实践发展与人的本质规定,人民精神生活共同富裕呈现出共同与差异的有机统一、共建与共享的耦合互动、阶段性与长期性的辩证结合等主要特征[②]。教育促进共同富裕不但要统一规划不同发展阶段地区之间的教育起跑线,还要在最大程度上保障学子身体健康和生活境况。目前,中国已在基础教育、中等职业教育以及高等教育等领域实施了一系列开发政策。在基础教育的成功时期增加资金投入,完善基础设施,优化农村薄弱学校教育资源配置,改善受教育学生的衣食住行等生活条件和德智体美劳的学习条件。对于中等职业类学校层面,为了优化以中西部为代表的一千多所贫困地区学校的教育环境,教育部与政府部门共投入超百亿资金,力求通过中等职业类学校让当地学生掌握一些技能,而这些技能是能够帮助他们摆脱贫困的。同时主张因地制宜,根据不同地区的区域特色,采取不同措施培养出不同地区需要的不同类型人才,以此从根本上塑造别具一格、各具特色的各地区共同富裕。在高等教育阶段,通过以高等教育的招生名额对

---

① 习近平. 高举中国特色社会主义伟大旗帜 为全面建设社会主义现代化国家而团结奋斗[N]. 人民日报,2022 - 10 - 26.

② 李梦云,余其安.促进人民精神生活共同富裕的价值意蕴与实践路向[J].中国高校社会科学,2024:76 - 83,159.

发展较为落后的中西部地区有所倾斜等措施。这些都体现了党和政府对教育共同富裕工作的重视和信心,也体现了党和政府的庄严承诺和保证。

1.1.5 社会主义公平正义核心价值的重要体现

党的十九大报告中指出要保障所有学生的公平受教育权①。习近平总书记在党的十九大阐述新时代中国特色社会主义思想的精神实质和丰富内涵时,多次强调必须培育和践行社会主义核心价值观,必须促进社会公平正义。这些重要的思想,展示了我们党坚持和维护社会公正、"更多更公平惠及全体人民"的决心。共同富裕作为社会主义共同富裕的内在要求,是历史唯物主义在中国特色社会主义伟大历史进程中的时代话语。习近平总书记围绕精神生活共同富裕发表一系列重要论述,明确了精神生活共同富裕的价值理想统一于人民理想生活方式的建构过程,揭示出精神生活共同富裕的内涵是美好生活的精神满足,主体是现实活动的人,价值目标是实现人的自由全面发展,建构方式是高品质的精神生产,由此构成了精神生活共同富裕的鲜活意涵,在时代性、人民性、发展性和实践性上实现了对历史唯物主义精神实质的创新表达和理论升华②。

数智技术时代背景下的教育赋能精神生活共同富裕的研究,从精神生活共同富裕的深邃理念出发,不局限在教育内部各要素。数智技术时代背景下的教育赋能精神生活共同富裕的研究,从现代教育信息化的发展需要,从社会主义制度和治理能力提高的内在需要,从社会主义的核心价值的现实需要来把握教育赋能精神生活共同富裕理论体系的重大价值,进而推进教育的公平和正义,并以此为指导推进教育赋能精神生活共同富裕事业的深层次繁荣,从而推动教育事业的纵向改革与横向发展。精神生活共同富裕作为共同富裕的重要内容,其内涵蕴含着深刻的人民逻辑。这种逻辑具体体现在精神生活共同富裕以人民的精神生活需要为逻辑起点,以人民的精神生活实践为实现进路,以实现人民的自由而全面发展为价值旨归③。

在推进和维护教育公平的诸多因素当中,经济的因素、经费的因素带有决定性的意义。尽管中国现在已经是世界第二大经济体,但同时也仍然是最大的发展中国家。穷国办大教育在未来很长一个时期还会是我们的基本国情。经济后发展、社会欠发达地区对比经济发达地区,落差很大。表现在办学方面,是教育

---

① 习近平.决胜全面建成小康社会 夺取新时代中国特色社会主义伟大胜利[N].人民日报,2017-10-28(001).

② 杜喆,赵金科.习近平精神生活共同富裕重要论述的历史唯物主义意蕴[J].学术探索,2023(09):19-24.

③ 宋岛馨,毕红梅.论精神生活共同富裕的人民逻辑[J].社会主义研究,2023(05):26-32.

资源特别是优质教育资源的匮乏;表现在群众对义务教育阶段前后的教育支付能力方面,是家庭经济困难学生即俗称"对象学生"的数量巨大。因此,目前教育促进精神生活共同富裕事业的主要重点依然在我国的西部地区、落后的农村地区、山区和地势条件差的丘陵地区。

教育短板最突出的核心不是保障地区基础的硬件,而是改善当地教育质量的低水平循环现状。随着教育后扶贫时代来临,贫困地区"有学上"的问题基本解决,但"上好学"的问题仍较为突出。为进一步提升教育扶贫成效,须着重发展公平而有质量的基础教育,解决能力型贫困问题,为贫困人口提供更多发展机会和选择自由,继而提升贫困群体教育获得感和可持续生计能力[①]。政府有义务不断增加对教育的投入,提供更多教育资源,公平配置教育资源,并以法律、政策和经济资助等方式,保证中国的孩子和公民不会因为政治的、经济的、种族或民族的差别而影响其受教育的平等权利。所以,我们要稳固落实教育促进精神生活共同富裕的工作和事业,让所有贫困地区的学子有机会通过知识教育改变自己的命运,走上致富的道路,从根子上实现先富带动后富。

数智教育赋能精神生活共同富裕需要继续增加对农村教育的重点关注和经费投入,支持系统教育体制的因地制宜改革,稳固顶层设计,将农村贫困地区各种教育事业当作一盘棋去经营,逐步完成从追求受教育起跑线公正向追求过程平等的转向,落实从粗放型"输血式"教育赋能精神生活共同富裕向因地制宜定制型教育赋能精神生活共同富裕的转向,使贫困地区在保障教育公平的基础上获得更多发展的可能性,拥有更优质的教育条件。教育质量是教育的生命,是教育本质规定性的纯正度充实度、教育价值满意度、教育内在价值与外在价值的统一和转化促进[②]。在形式上,教育促进精神生活共同富裕政策彰显了"教育公平"。无论当前状况如何窘迫,个人或家庭如何贫困,只要能够公平享有接受教育和获得优质教育资源的权利,个人就有可能实现成才梦想,有机会达成向上的社会流动,家庭也可以得到回报;在内容上,要做到切实保障教育资源的公平性,教育促进精神生活共同富裕政策真正落实到位,让其可以覆盖到贫困地区的方方面面,真正做到消除贫困的根源,这样才是最基础的教育赋能精神生活共同富裕事业。落实教育赋能精神生活共同富裕工作,体现了社会主义的本质,突显了社会主义制度的优势,影响了全体国民对社会主义制度的追随。

1.1.6　人民群众根本利益的生动体现

中国共产党根基在人民、血脉在人民。党的二十大报告强调:"江山就是人

---

① 　吴晓蓉,许见华.教育扶贫须以提升基础教育质量为保障[J].教育与经济,2020,36(03):3-9.
② 　郝文武.高质量教育公平的本质特征与价值追求[J].教育研究,2023,44(10):22-32.

民，人民就是江山。中国共产党领导人民打江山、守江山，守的是人民的心"①。教育是国之大计、党之大计，同时也是重要的民生工程。这为当前和今后一个时期我国教育改革发展指明了方向。

让老百姓过上好日子是我们一切工作的出发点和落脚点。"我们的人民热爱生活，期盼有更好的教育、更稳定的工作、更满意的收入、更可靠的社会保障、更高水平的医疗卫生服务、更舒适的居住条件、更优美的环境，期盼孩子们能成长得更好、工作得更好、生活得更好。人民对美好生活的向往，就是我们的奋斗目标"②。教育最主要的目的就是要改善"后富"群体的物质生活和文化水平，使得他们脱离贫困和无知，最后实现人的全面发展。坚持以人民为中心的发展思想，就要努力让 14 亿人民享有更好的教育。这集中体现在让人民群众"有学上"和"上好学"上，也就是促进教育公平和提高教育质量这"两个基本点"上。我国顺利打赢精准扶贫的事业战，取得了举世瞩目的优异成绩。贫困学生人数大大减少，贫困学校基础设施持续改善，贫困地区全然一新。但是贫困矛盾复杂，教育资源缺乏且分配不合理，基础设施也不够完备，学生流失和辍学问题依然比较严重，这些问题使得之后在乡村振兴等发展工程推进中的精神生活共同富裕事业的持续性开展仍然异常艰巨。尤其是那些特别困难的群众，如果只是依靠他们个人的力量，他们连温饱问题都难以解决，更别说教育。物质生活的保障是精神生活得以实现的基础。这些困难群体最盼望的就是在党和政府的帮助下，加上自身的不断努力，从而改变自身的贫困面貌。

在新时代，必须坚持以人民为中心的工作导向，既要不断宣传主流价值观丰富人民的精神生活，也要帮助群众解决同他们切身利益密切相关的难题，努力满足人民群众的合理利益诉求，让群众获得看得见、摸得着的实惠。我们要紧紧抓住教育这一人民群众最关心最直接最现实的利益问题，实现好、维护好、发展好最广大人民根本利益，着力提升老百姓的教育获得感、幸福感和安全感。

1.2   数智教育赋能精神生活共同富裕的意义

习近平总书记在十九届中央政治局第二十七次集体学习时再次强调，进入新发展阶段，完整、准确、全面贯彻新发展理念，必须更加注重共同富裕问题③。

---

① 习近平. 高举中国特色社会主义伟大旗帜 为全面建设社会主义现代化国家而团结奋斗[N]. 人民日报，2022 - 10 - 26.

② 习近平.中国人民生活一定会一年更比一年好——习近平总书记在十九届中共中央政治局常委同中外记者见面时的讲话[J].人民论坛，2017(S2):12 - 13.

③ 习近平在中共中央政治局第二十七次集体学习时强调 完整准确全面贯彻新发展理念 确保"十四五"时期我国发展开好局起好步[J].思想政治工作研究，2021(02):6 - 7.

在高质量发展中促进精神生活共同富裕,体现了生产决定分配、生产力决定包括分配关系在内的生产关系的马克思主义基本原理,指明了高质量发展是促进精神生活共同富裕的基础。唯物史观认为生产力是人类社会发展的决定力量,新质生产力的提出是我国把握新一轮科技革命和产业变革新机遇、掌握经济发展形势及实现中国式现代化的战略主动①。在此背景下进行数智教育赋能精神生活共同富裕研究具有十分重要的意义。

数智技术时代的到来,为教育赋能精神生活共同富裕的理论创新和应用发展迎来无与伦比的机遇和挑战。在数智技术时代背景下,日新月异的思维和理念的转型和变革为精神生活共同富裕事业提供与时俱进的研究视角,让教育政策更加优化、让教育教学更加创新、让教育资源分配更加公平,从而能够更好推进技术应用和教育事业的高度协调。

1.2.1　为教育赋能精神生活共同富裕提供现实指导

数智时代我国高等教育的转型呼唤高等教育评估的变革。从内涵维度透视,高等教育评估的目的由单一价值判断转向多元智能优化,评估的尺度由单视域及时反馈转向多视域实时呈现,评估的模式由数据集中密集转向区块互联分布。从功能维度透视,全息评估支撑多元主体从认识价值上升为"共创价值",人工智能驱动主管部门从被动应对决策上升为主动"预警预测",人机互动牵引教育教学质量从持续改进上升为"提质增强"②。传统的教育促进精神生活共同富裕政策在制定过程中往往没有考虑得很全面,只是从单个的决策者自身方面对于部分情况的理解,这部分理解也往往是有限的,一般采用随机抽样对教育赋能精神生活共同富裕的现实进行推测和评估。然后,这样的随机样本中就容易掺入较多人为干预的要素,影响决策的科学性和有效性,导致决策者制定出来的相关政策在实际运作中就容易产生失灵这样的情况。

数智技术条件下精神生活共同富裕的相关政策与之前的精神生活共同富裕政策有所不同。一方面,在数智技术的支持下,各级决策者可以利用"循证"的概念以及考虑到数智技术对决策的影响,以多样化和足够的政策依据为基础,改变传统政策研究和观点。另一方面,在数智技术支持下,有关教育赋能精神生活共同富裕政策方面的制定也不再是以前的单一经验进行借鉴,也不是制定政策者单一方面的总结以往经验,而是通过数据库提取大量的数据分析并以此为基础进行提炼。传统的经验效仿和决策者自身经验总结这些都不再有更多意义,决策过程科

①　刘莉,任广乾.新质生产力推进中国式现代化的价值意蕴、理论逻辑与实践指引[J].财会月刊:1-5.
②　王战军,李旖旎.数智时代我国高等教育评估体系的转型与重构[J].大学教育科学,2024(02):106-117.

学化、制定政策人性化、政策对象针对化,充分体现数智理念的指导意义。

　　数智教育赋能精神生活共同富裕在识别、实施和评估等环节具有应用的独特性。首先,数智技术下的智慧教育能够依据前所未有的巨量数据依托强大的计算和建构能力整体性地识别各类群体的真实情况。通过建立精神生活共同富裕关于教育的数据库,系统深入地对其中搜集到的数据进行分析研究,摸清不同情况不同案例其中的根本原因和特色。通过数据挖掘,为不同情况的不同群体制定出有针对性的且具体可行的策略和措施。这是最终解决精神生活共同富裕的关键所在。其次,数智教育赋能精神生活共同富裕能够对不同地区精神生活共同富裕的具体情况进行监测,这个监测过程须是全方位全过程的,以此来实现对对象信息变化进行动态的管理,及时更新、分层管理,继续增加手段,使其更加多元化,真正解决好精神生活共同富裕事业过程中的个性化、具体性的大小难题。再次,利用数智技术,厘清各级政府的责任主体、能力特点、工作优势、工作对象、方法思路等信息。最后,在数智时代要不断地鼓励民营企业、社会组织、个人等社会力量,促使他们采取丰富多样的形式来参与到教育精神生活共同富裕的伟大事业之中。在发挥政府公共服务功能的同时,借助市场和社会各界的力量,利用市场化的数智技术应用补充和形成教育共同服务工作的应用"矩阵",凝练助力的合力。

　　因此,本书阐述数智技术相关理论,有效阐释精准主体、精准识别、精准培养、精准管理和精准扶持振兴,精准提高"后富"群体的自我发展能力,对我国教育赋能精神生活共同富裕事业具有重要的现实意义。

1.2.2　为数智技术嵌入教育赋能精神生活共同富裕提供理论指导

　　教育作为人力资本投资的重要形式,在促进精神生活共同富裕中发挥着重要的作用。为促进实现精神生活共同富裕,教育需要在"补短板、促公平、强支持"上下功夫,切实推进优质教育资源的优化配置,打通社会公平的"最后一公里",并着力破解精神贫困的现实困境。

　　当今时代是数智技术蓬勃发展的时代,教育的未来发展离不开数智技术,数智技术为教育的延绵发展提供重要的技术支撑和充分的数据基础,是数智教育发展不可或缺的关键要素。对受教育者在接受教育和自我学习乃至于日常生活和社交中源源不断的碎片化数据,进行全方面的系统化处理,能够挖掘教育者和受教育者丰富且具体的形象和特点,为教育活动在精神生活共同富裕的联系和助益提供基础性保障。

　　数智技术对教学课堂产生重大的影响,体现在教师可以转变传统教学依赖经验的教学,改变为依赖数智技术收集、挖掘、分析的现代数智技术教学。在数智技术的教学下,受教育者对自我发展变化的理解可以依靠个人学习的数据分析过程,转变传统的集体教育理念,向个性化定制教育前进。目前,有关向大众开放的在线课程教育的期待值颇高,主要由于相关数智技术所支撑的学习数据分析的卓有成效,这些数据展现高质量的课程资源和教育服务,可以真实反映出高质量的教学体验。数智时代的在线教育能够对学习进程中产生的无关信息进行深入探究,数据反馈分析了每位受教育者的个人学习要求、不同学习习惯、实时学习作风和定制学习等内容,实现预测和把握受教育者在个性化学习过程中的需求变化趋势和未来走向,有助于促进受教育者的自由全面发展。

本书研究站在数智技术的视角下,深入厘清教育与精神生活共同富裕的博弈对立或共轭耦合关系,充分描绘精准识别的具体应用,建立一对一、点对点的评价和跟踪机制,这对建立建成现代化教育强国具有重要现实意义。

1.2.3 有助于推进数智教育赋能精神生活共同富裕事业发展

党的二十大报告强调,教育、科技、人才是全面建设社会主义现代化国家的基础性、战略性支撑,要"深入实施科教兴国战略、人才强国战略、创新驱动发展战略""加快建设教育强国、科技强国、人才强国"。这一论述和部署体现了我们党对教育、科技、人才事业内在规律的新认识,体现了新时代教育、科技、人才工作的新要求,必将开创教育、科技、人才工作新局面,为现代化建设提供强大人才支撑和强大推动力量。

实现共同富裕的理想社会,不仅要达至物质生活的共同富裕,还需要促进人民精神生活共同富裕,构建精神共同富裕的社会样态。精神生活共同富裕概念产生于物质生活共同富裕概念的联想与外推,构建精神共同富裕的社会样态,需要厘清精神生活共同富裕在理论上的可能领域,厘清迈向精神生活共同富裕的层次与路径,为逐步实现全体人民共同富裕提供理论证明和理论导引[1]。

教育兴则国家兴,教育强则国家强,世界强国无一不是教育强国,教育始终是强国兴起的关键因素。当今时代,谁能培养和吸引更多优秀人才,谁就能加速现代化进程,在竞争中占据优势。人才是推进现代化进程、赢得国际竞争主动的战略资源。走好人才自主培养之路,提升人才自主培养质量,是增强国际人才竞争力、增强现代化建设人才支撑的根本举措。加快建设教育强国、科技强国和人才强国,充分体现了我们党对教育、科技、人才工作规律以及对社会主义现代化规律的新认识,充分体现了新形势下提升综合国力和竞争优势的新要求,必将有力驱动全面建设社会主义现代化国家进程。

---

① 陈思宇,胡承槐."精神共富"何以可能:精神生活共同富裕实现的理论逻辑与推进路径[J].东岳论丛,2024(03):14-23,191.

建设教育强国,是全面建成社会主义现代化强国的战略先导,是实现高水平科技自立自强的重要支撑,是促进全体人民精神生活共同富裕的有效途径,是以中国式现代化全面推进中华民族伟大复兴的基础工程。数智教育赋能精神生活共同富裕事业能为建设科技强国、人才强国涵养源头活水,充分释放科技这个"第一生产力",激活创新这个"第一动力",为科技创新提供人力资源保障。

数智教育赋能精神生活共同富裕是夯实教育强国战略的重要组成部分。本书研究坚守以数智技术相关理论和方法为指导,以精准识别、培养、管理和反馈为人才自主培养的重要抓手,把教育赋能教育强国战略的功效和使命做实做细,进一步推进我国建设科技强国、人才强国的伟大事业的快速发展。

1.2.4　厘清教育赋能精神生活共同富裕的理论框架

数字化转型情境下,新一代数字化技术的组合触发价值创造各环节发生改变,从而颠覆了传统的价值创造逻辑。以 ChatGPT 为代表的人工智能大模型在文本生成、人机对话等方面展现出了优异的性能。在大模型背景下,大数据、人工智能等数智技术在赋能精神生活共同富裕方面表现出重要的现实价值。

精神生活共同富裕是社会主义的本质要求,扎实推进精神生活共同富裕是我们党领导人民在实现全面建成小康社会后的必然趋向。从理论逻辑看,精神生活共同富裕是社会主义的本质特征和要求。马克思恩格斯创立无产阶级解放、实现人的自由全面发展的学说,其目的就是消灭私有制,实现经济发展和社会财富增长,最终达到共同富裕。以科技创新促进生产力发展,提升全要素生产率,强调发展的普惠性、共享性,为精神生活共同富裕提供坚实的物质基础及配套制度供给,以科技自强赋予实现精神生活共同富裕的无限潜力。

目前,教育赋能精神生活共同富裕的研究是学术界研究的热点领域,我们要站在唯物史观和人类文明新形态的战略高度,科学认识精神生活共同富裕的本质内涵,正确把握精神生活共同富裕的总体方位,深刻领会精神生活共同富裕的文明意义,扎实推进精神生活共同富裕的伟大实践。

本书坚持马克思主义教育赋能精神生活共同富裕理论为指导,基于中国传统"道、法、术、器、势"的思维框架,以数智技术的理论和方法为依据,对数智时代精神生活共同富裕的工作和事业的新特点进行了剖析,深入分析教育赋能精神生活共同富裕的主要内容,提出基于数智技术的创新辅助框架。基于数智技术的创新辅助服务,为精神生活共同富裕提供个性化、细粒度的知识和场景化的解决方案,展现更加完善系统的理论框架,并对所提出的框架进行深入分析和探讨,阐述其在创新全过程中的功能定位、服务和关键赋能路径,有助于深层次领悟、把握、运用数智教育赋能精神生活共同富裕理论体系的内容。

第 2 章
数智教育赋能精神生活共同富裕的概念和相关研究

2.1　数智教育赋能精神生活共同富裕的核心概念

2.1.1　数智技术与数智教育

数智技术是大数据和人工数智技术的合成,是信息技术系统化发展的高级技术性产物,其不仅集结了传统书籍、电子媒介、一般信息技术等特征于一体,更是基于与互联网、物联网、全息技术、虚拟现实、增强现实与混合现实技术、大数据以及云计算等跨媒体数智技术的融合性发展,统整并推进着其与人类之间的认知性交互。

1）大数据

从"大数据"字面就可以直接看出,这个词代表着大量数据的集合。但是容量的巨大只是大数据其中一个特征,而且是最基本、最基础的特征。"大数据"可以简单地理解为是一种大量数据的综合,这种综合难以用现有简单技术去进行管理,这不仅仅是数据量巨大造成的。大数据具有 3V 的特征,即 Velocity(更新速度)、Variety(种类、多样性)和 Volume(数目、数量),分别指的是实时处理数据的速度 V,数据格式的多样化 V 与数据量的规模 V,这三者统称为［3V］或［3Vs］。如何根据大数据的三个特征来提高数据应用的可靠性与安全性是需要考虑的实际问题。

大数据时代必须要有更新的处理来增强数据流程优化能力、观察分析能力和判断决策能力。大数据是指应用数智技术软件获取、处理与管理数据所耗费时间与时间限制之间的数据集,其可操作的数据规模超过传统数据库软件的收集、存储、处理与管理,形成数据庞大、更新高速、种类多样的信息资产。合理利用大数据可以获得更多的经济效益。就我国目前而言,大数据虽刚发展不久,但是社会的方方面面都已经被数智技术融入,包括政治,经济、教育、贫困状况等,我们的生活已经与大数据产生紧密关联。

大数据与以往传统数据具有独特优势。第一,传统数据往往是多个或连续的模拟数据,而数字数据是内容与种类复杂多变的集合数据。以微信为例,微信每天的用户量为 7 亿,视频通话数为 1 亿多次。可见,包含微信数据在内的日常数据量是非常庞大的。随着数据量的不断增加,作为数据存储介质的磁盘也随之不断发展。云计算及 Hapoop 的诞生大大降低了数据在存储、流通等方面的成本,这也为各行各业的公司机构带来了运用良好数据的契机。第二,对庞大数据量的数据处理及运用仍需进一步发展,主体对于数据的需求不同,同一个数据库可以形成不同的处理。第三,数据的处理离不开相关技术的更新发展,在数据分析处理技术的基础上数据的深层价值得以挖掘显现。社会经济政治的数据、企业经营管理的内容、市场交易的信息等数据源的发育发展,冲破了原有传统数据来源的限制,信息治理越来越需要保障其真实安全。第四,庞大的数据量及迟滞的存储技术都给数据甄别带来了不小的挑战。

2)人工智能

1956 年 8 月,在美国汉诺斯的达特茅斯学院,数学家约翰·麦卡锡、人工智能与认知学专家马文·明斯基、信息论创始人克劳德·香农、计算机科学家艾伦·钮厄尔以及诺贝尔经济学奖得主赫伯特·西蒙等科学家汇聚一堂讨论着一个对后世有重大影响的主题,"用机器来模仿人类学习以及其他方面的智能"。会议持续了 2 个月,虽然没能达成共识,但却诞生了一个重要概念:人工智能。因此,1956 年也就成为人工智能元年。

发展至当下,人工智能经历了两次热潮与热潮之后的寒冬,当下正处于其发展历程中的第三次热潮。第一次人工智能浪潮大约是从 1956 年到 1960 年,在这一时期,"计算机在使用'推理搜索'解决特定问题方面取得了较大进展","但其对于复杂的现实问题却束手无策",由此在随后的 20 世纪 70 年代,人工智能进入寒冬;第二次人工智能浪潮大约是在 1980 年左右,"导入'知识'使计算机变得更聪明的研究方法迎来全盛时期,出现了很多被称为'专家系统'的实用性产品""但随着知识描述和知识管理的局限性逐渐显露,在 1995 年左右人工智能再一次进入冬天";20 世纪 90 年代后半期搜索引擎诞生之后,"伴随着 web 网页的扩张,运用海量数据的'机器学习'悄无声息地迅速崛起,堪称'技术性重大突破'的深度学习(特征表示学习)推动了人工智能的进一步发展",目前人工智能正处于其发展的其三次热潮之中。

人工智能发展至当下,还没有一个被大家一致认同的精确的人工智能定义。当前学界对于人工智能的定义主要基于两个不同的层面:第一,基于人工智能的研究进程,即将人工智能作为一个特定的科学领域进行相应的概念界定。学者马文·明斯基提出,"计算思维是强大的智力工具,不仅可用于创建游戏和网站,还适用于理解异常复杂的系统,尤其是人类思维"①。学者厄尔斯·尼尔森提出,信念构成了我们描述我们生活之世界的一种方式。我们还用数学方程(比如 $E=mc^2$)、各种现象的计算机模拟(比如天气)、地图以及故事等方式。这一切的总和构成了现实的模型———一个可以触及的现实本身的替代。我们必须据此行事,因为我们无法直接认识现实;现实在"传感幕帘"的另一面。尽管很容易想象我们信念里的对象、性质和关系作为现实的部分而实际存在,但它们只是我们现实模型陈述部分的元件而已———一种"虚拟现实"②。学者鲁格尔给人工智能下了一个尝试性定义,"可以将其定义为计算机科学的一个分支,它关心智能行为的自动化"③。第二,基于人工智能研究的预期成果对其进行相应的概念界定。学者松尾丰在梳理了日本人工智能学界对于人工智能概念的诸多界定之后提出,当人工智能进化到足够聪明并且当它能够创造出比自己更为聪明的人工智能时,人工智能的智能就会无限扩大。低一等级的人工智能创造比自己高一等级的人工智能———当该过程以惊人的速度被无限重复时,人工智能就会出现爆发性的进化。因此,这一瞬间的开始便是世间万物开始出现颠覆的"特异点"④。由此,当下的人工智能究竟是否具备了人类智能,以及人工智能在不远的将来是否会生成自我意识从而控制人类就成为学界对于人工智能的关注焦点。

学者刘凯、隆舟等基于"奇点"理论梳理了学界基于人工智能预期研究成果而对人工智能的概念界定,具体包括以下三种,第一种认为"人工智能包括计算智能、感知智能与认知智能";第二种认为"人工智能分为强人工智能和弱人工智能";第三种认为"人工智能分为通用人工智能与专用人工智能"⑤。第一种分类混淆了计算能力、感知能力与认知智能之间的必然关系,当前计算机具备的计算能力、感知能力并不意味着认知智能的一定实现。第二种分类最早源于学者约翰·塞尔,认为弱人工智能的价值主要是为心智探索提供有效的工具,而强人工智能能够真正理解事物并拥有自己的认知状态。意识的统一性以两种形式出现。第一,存在着一种我们可以称之为"纵向"的统一性的东西:我们所有的意识状态在任何一个特定的瞬间都被连接成单一的、统一的意识域。但由于穿越时

① [美]马文·明斯基.创造性思维:人工智能之父马文·明斯基论教育[M].晚成,刘东昌,张海东,译.北京:人民邮电出版社,2020:11.

② [美]厄尔斯·尼尔森.理解信念:人工智能的科学理解[M].王飞跃,赵学亮,译.北京:机械工业出版社,2017:8.

③ [美]鲁格尔.人工智能复杂问题求解的结构和策略[M].赵志崑,史忠植,张银奎,译.北京:机械工业出版社,2010:1.

④ [日]松尾丰.人工智能狂潮:机器人会超越人类吗?[M].赵函宏,高华彬,译.北京:机械工业出版社,2016:13.

⑤ 刘凯,隆舟,刘备备,等.何去何从? 通用人工智能视域下未来的教师与教师的未来[J].武汉科技大学学报(社会科学版),2018,20(05):565-575.

间,我们的经验统一性的保存需要至少有最低限度时间的记忆。除非思想的开端和结束都由记忆联系成单一的、统一的意识域的组成部分,否则我们就不可能意识到一种融贯的思想。直截了当地说,没有记忆,就没有组织起来的意识。我们可以把这一特征称之为与纵向统一性相对的"横向的"统一性。如果我们设想时间是从左向右横向地移动,那么这种比喻就可以使我们认识到这是不同于我们意识域的瞬时的纵向的统一性的另一种统一性①。第三种分类是基于人工数智技术领域的不同研发路径而对人工智能进行的概念分类,分为专用人工智能和通用人工智能。专用人工智能先做后思,通过技术迭代渐进式地提升智能化的程度,其又分为符号主义、联结主义以及行为主义三个派别。而通用人工智能则采取先思后做的路径,认为智能的存在代表着可以被认知的理性原则。

　　20 世纪 80 年代初期,钱学森等学者主张在国内开展人工智能研究。中国的人工智能研究才步入轨道。作为一门新学科可归类为计算机科学的一个分支,目前在教育领域应用较多的数智技术有:自然语言处理、语言语义识别技术、虚拟现实技术、视觉计算、可穿戴技术、情感计算技术、机器学习技术、智能挖掘技术等。元宇宙新技术应用于精神生活共同富裕是一项范式的跃升和变革,深刻影响精神产品、精神享受、精神追求的实现方式,并形塑了"技术""场景""文化"螺旋式递进的赋能新范式②。由此,人工智能与教育融合,将会出现新的教育发展新生态。

　　作为第四次工业革命基石的人工数智技术在 2021 年度继续蓬勃发展且广泛应用到了社会生活中的多个方面,进一步推动经济社会各领域从数字化、网络化向智能化加速跃升。但由于人工数智技术的广泛应用而产生的伦理风险、隐私泄露、数据安全等各方面问题,在全球范围内引发了诸多争议,因此如何更好地治理人工智能已经成为全球范围内重点关注的一大议题。

　　人工智能治理竞赛已成为各国在新兴技术领域竞争的一个新的角斗场。全球各国竞相抢占人工数智技术的应用带来的广泛机遇,纷纷将人工智能治理作为一项国家重要战略,关于人工智能治理的标志性事件在全球范围内已屡见不鲜,各国和地区不仅积极起草、出台规范人工数智技术的法律法规,还竞相出台与人工数智技术向善发展相关的政策指南等举措。

　　对人工智能治理举措展开分领域的细致研究,识别各种治理的不同侧重点,有助于清晰了解各国和地区在推动人工数智技术向可靠、向善、向信方面发展而

---

① ［美］塞尔·约翰.心灵、语言和社会:实在世界中的哲学［M］.李步楼,译.上海:上海译文出版社,2006:73.
② 齐峰,陈曙光.元宇宙赋能精神生活共同富裕:实践图景、现实限度与优化策略［J］.天津师范大学学报(社会科学版),2023(04):1—7.

采取的举措和取得的成效,从而有助于展开深层次的比较,进而推动建设一个完善的,获得全球共识的人工智能全球治理体系。此外,还有助于把握人工数智技术应用产生的各类型风险,研判应对这些挑战的最佳方式,进而对人工智能未来发展趋势有更加清醒的认识。

3)数智教育

数智教育是数字时代的教育新形态,与工业时代教育形态有着质的差别。这种教育新形态,新在五个维度。

一是新在核心理念。数智教育既是关乎民生的具体行动,更是关乎国计的重大战略,通过科技赋能和数据驱动,将全方位赋能教育变革,系统性建构教育与社会关系新生态,为每个受教育者提供适合的教育,让因材施教的千年梦想变成现实,将首次历史性地实现微观层面的个人发展与宏观层面的社会发展全面高度统一。

二是新在体系结构。数智教育将突破学校教育的边界,推动各种教育类型、资源、要素等的多元结合,推进学校家庭社会协同育人,构建人人皆学、处处能学、时时可学的高质量个性化终身学习体系。

三是新在教学范式。数智教育将融合物理空间、社会空间和数字空间,创新教育教学场景,促进人技融合,培育跨年级、跨班级、跨学科、跨时空的学习共同体,实现规模化教育与个性化培养的有机结合。

四是新在教育内容。数智教育将聚焦发展素质教育,基于系统化的知识点逻辑关系建立数字化知识图谱,创新内容呈现方式,让学习成为美好体验,培养受教育者高阶思维能力、综合创新能力、终身学习能力。

五是新在教育治理。数智教育将以数据治理为核心、数智技术为驱动,整体推进教育管理与业务流程再造,提升教育治理体系和治理能力现代化水平。

2.1.2　精神生活共同富裕的相关概念

1)贫困问题

贫困普遍存在于人类社会的发展进程中,"社会普遍贫困"现象直到工业革命开始才引发人类的关注,与资本主义财富日益集中对比,很多劳动群众却处于贫困潦倒、食不果腹的生活状况,残酷的资本剥削使得学者开始关注社会的贫困现象。经过了这么多年的分析调查,我们对贫困的本质和表现形式都有了更加深入的了解和掌握。

就历史进程的演进角度看,贫困并不是原封不动的静止状态,它更多时候表现为一个动态的变化发展过程。对贫困内容的不同理解表示了贫困的不同内涵之间存在一定的关联。贫困概念最初来源于绝对贫困的概念,相对贫困概念是于 20 世纪 60 年代在有关研究中提到。相对贫困是指对富裕阶层相比较来说的贫困,具体说来是有些人的生活质量低于社会全部生活质量的平均水平,虽然这些人的基本生存需要能够维持,但是相比较社会上流阶层和中等阶层来说,还处在相对缺乏的状态,他们只能满足社会生活质量的较低水平。

对于贫困本质内涵的理解,在不同的时期,对于这一内涵的理解,不同国家的学者对其的看法也是不同的。其中以下几种观点最具代表性。

(1)能力贫困理论。阿玛蒂亚·森强调,"一个人的可行能力指的是此人有可能实现的、各种可能性的功能性活动组合。可行能力因此是一种自由,是实现各种可能功能性活动组合的实质自由"[1]。在传统社会中人们习惯于用个人收入和社会资源的占有量来作为权衡穷富的标准。贫穷的真正意义不是低收入,缺乏能力才是贫困的根源。因此应该根据个人能力的参数来衡量人们生活的优劣。在贫困研究对象探究上,体现了从区域到人的微观化;在贫困本质与成因分析中,体现了从收入到能力的内生性;在脱贫导向选择上,体现了普惠与精准的动态均衡;在贫困陷阱的破解路径上,注重权利与机会的创造[2]。

(2)权利贫困理论。《世界发展报告》强调提出,贫困不仅是指收入较低和人力发展滞后,还指个体受外界影响的能力欠缺,包含有发言权微弱、权利欠缺和受社会排斥[3]。只有让人们享有更大限度的行动自由,拥有更多的机会,作出更多的选择,才能从本质上消除贫困[4]。贫困实质上是社会权利贫困,经济上贫困是源于经济发展要素不足,同时也是获取社会权利上贫困的体现[5]。阿玛蒂亚·森将贫困概念从收入贫困扩展到权利贫困、可行能力贫困和人类贫困,将贫困的原因分析从经济因素扩展到政治、法律、文化、制度等领域,将传统的经济发展观扩展到人与社会的自由发展观,认为只有让人们享有更大限度的行动自由,拥有更多的机会,作出更多的选择,才能从本质上消除贫困[6]。教育扶贫是阻断贫困代际传递的根本手段和重要方式,其目的是通过办好贫困地区和贫困人口的教育事业进而实现减贫脱贫的战略目标,其本质体现了社会公平正义的价值追求。这种价值追求表现为教育扶贫所体现的差别正义原则和起点公平理念、权利平等原则和过程公正理念、机会均等原则和结果公正理念等方面;而保障贫困地区和贫困人口的教育权利、教育条件和教育收益等,是实现教育精准扶贫起点公平

① [印度]阿玛蒂亚·森.以自由看待发展[M].北京:中国人民大学出版社,2012:62-63

② 岳映平,贺立龙.精准扶贫的一个学术史注脚:阿玛蒂亚·森的贫困观[J].经济问题,2016(12):17-20,56.

③ 世界银行.世界发展报告[M].北京:中国财政经济出版社,2001:28.

④ 马新文.阿玛蒂亚·森的权利贫困理论与方法述评[J].国外社会科学,2008(02):69-74.

⑤ 洪朝辉.论中国城市社会权利的贫困[J].江苏社会科学,2003(2):116.

⑥ 马新文.阿玛蒂亚·森的权利贫困理论与方法述评[J].国外社会科学,2008(02):69-74.

正义、过程公平正义和结果公平正义的必要前提[①]。

（3）人文贫困理论。伴随着社会的进步与发展，人们对贫困的认识，逐步由单纯的经济范畴走向政治、文化等多维层面。人文贫困成为 21 世纪困扰人类的世界性社会问题，也逐渐成为学界共同关注和研究的热点问题。联合国开发署《人类发展报告 1997》将"人文"维度纳入贫困概念，创造性地提出"人文贫困"概念，贫困不仅是物质等必需品的缺乏，同时还意味着发展机会、正常生活、身体健康和自由自主生活的丧失，获得体面生活、受人尊重、有自尊和获取生活中重要东西的基本欠缺。这份报告里所说的贫穷主要有人均收入的水平，也包括人的寿命、身体健康、文化教育程度等各种生活质量的影响要素[②]。

综上所述，狭义贫困是指经济上的贫困，即物质缺乏、生存能力有限等关乎生存需要的贫困，而广义上的贫困是指除了物质贫困之外的其他内容的贫困，包括人文贫困、权利贫困、社会能力贫困、卫生教育贫困等方面。目前发展中国家主要的目标是消除狭义上的贫困，在维持"后富"群体基本生存需要的前提下，贫困线后移，会产生新的广义贫困现象，消除广义的贫困比消除狭义的贫困更艰难。社会在进步，人类在发展，"后富"群体的需求层次必将伴随科学技术的进步而进一步扩展，当生存质量得到保障后，精神的匮乏便会成为下一次困扰人类的社会现象。

2）共同富裕与精神生活共同富裕

共同富裕斗争作为人类的一种自觉性社会实践，必须目标明确，落实前进的路线。就共同富裕所追求的目标而言，最终希望得到的结果是彻底消除贫富差距过大的现象和问题。贫富差距的本质受到各类因素的影响，使人类生存和发展的需求得不到满足，消除贫富差距过大的长远目标是为了满足和达成全人类生存和发展的需要。共同富裕事业在根本上来说是为了实现人的自由和全面发展这一愿景，而和贫富差距过大作斗争则是一项非常实际并且艰巨的工作。因此，把握共同富裕基本特征具有关键性意义。

第一，持续性。古往至今，贫富差距过大现象在全球是一个持续长期存在的社会问题。贫富差距过大在发展中国家长期存在，但在生产力高度繁荣的部分发达资本主义国家里也仍然存在，甚至有过之而无不及。这种事实说明，尽管大家都在为共同富裕而斗争着，也仅仅只是让贫富差距过大的程度相对有所缓解。要想整个人类消除贫富差距过大还有很长的路要走。共同富裕工作具有长期性，不仅是因为贫富差距过大是一种复杂的社会现象，涉及人类对贫富差距过大

[①]　李兴洲.公平正义：教育扶贫的价值追求[J].教育研究，2017,38(03):31-37.

[②]　姚云云.基于人文贫困维度的中国农村扶贫政策重构——发展型社会政策的逻辑[J].西安电子科技大学学报(社会科学版),2014,24(06):1-9.

现象产生原因比较浅薄的了解,在当前贫富差距过大不可能完全从全球社会中被消除。

第二,困难性。贫富差距过大现象的背后存在一系列政治、文化等复杂的原因,不论是什么原因,贫富差距过大都不可能是单一的因素所导致的,因此共同富裕难度也比较大。贫富差距过大的成因和性质随着社会的发展不断变化,这就使得贫富差距过大表现出来的多样性变得更加突出。面对这样复杂的共同富裕,任何政策或措施都只能解决贫富差距过大的一个原因和由此产生的贫富差距过大的一种表现形式,共同富裕道路依然十分困难。

第三,阶段性。马克思表示,贫困是一种一般性社会范畴,是一种历史现象,受到社会历史发展阶段、社会生产方式和劳动实践中的生产关系等因素的影响。贫富差距过大的本质和内容在不同的生产力发展阶段、不同性质的生产关系与不同类型的生产方式里体现为不一样的形式。贫富差距过大在本质上就是人们生存和发展的物质和精神得不到满足和实现,因此想要实现共同富裕,我们首先就要满足人民所需要的最基本的物质需求,只有满足了人们最基本的生存需要,接下来才能去考虑考虑满足人类的发展需求。这些内容就决定了扶贫肯定有着阶段性的特点,随着经济文化的发展,共同富裕的目标和形式也应该对应进行一定的调整规划。

第四,循序性。当最基本的物质生存需要得到满足后,即使绝对贫富差距过大减少,但是人类在这个阶段会产生超出了物质生存的高级需求,如人身安全、状况稳定、权利与义务、尊重、发展空间和精神寄托需求等,并且它们会逐渐出现,并随着社会的发展和进步,人类对贫富差距过大的进一步深入探索意识和与其他组织相对比,慢慢变成一种新的贫富差距过大象征或标示,而这些新的贫富差距过大象征标示又会变成共同富裕事业的新目标和动力。

由此可见,精神生活是以物质为基础的精神性活动,它建立在特定的社会历史背景之上,人们通过交换、消费、创造等方式来获取精神要素和资源,从而满足自身的心理需求,促进自身的发展,并超越自身的精神状态。马克思精神生产理论对于把握唯物史观下精神生产的实质、从精神生产角度促进人的自由全面发展、破解新时代中国人精神生活共同富裕的难题等具有重要的时代价值。"精神生活"不是孤立存在的,它是与物质生活共同存在,两者相互影响、相互包含又相互渗透。根据唯物史观,在"供给—需求"辩证关系的理论框架下,精神生产的有效供给就是精神产品能够有效满足人民日益增长的精神文化需求[1]。

---

[1]　阮一帆,明月.试论精神生活共同富裕视域下精神生产的有效供给——基于马克思精神生产理论的分析[J].社会主义研究,2023(05):18-25.

3）教育赋能精神生活共同富裕

教育赋能精神生活共同富裕并不是简单的升学、上学问题，而是指教育资源介入精神生活共同富裕事业。通过针对性的教育投入、教育帮扶和教育管理，提高"后富"群体的科学文化素质，让其拥有适用的知识技能，进而促进贫富差距过大地区经济、政治、教育和个人发展，进而遏制和克服贫富差距过大的社会问题。因此，教育赋能精神生活共同富裕可以使穷人接受到科学文化知识的教育，将知识运用于生产生活实践，从而思想方式和精神面貌在一定程度上能促进社会的稳定健康发展，进而实现精神生活共同富裕的目标。

教育赋能精神生活共同富裕首先要解决教育系统发展落后的问题，涉及经济、教育、资源和效益的多个因素、多个目标的综合系统工程。一方面，随着长期以来义务教育实践的推进，各类教育基金的建立，落后地区学校教育设施得到改善和合理配置。另一方面，通过加大资金投入，精准识别缩小贫富差距过大范围，帮助相关群体再就业，最终完善落后地区的"造血能力"，推动建立起一种普遍的社会保障制度，改善地区人文综合环境，从根本上阻断"恶性循环链条"。教育扶贫通过逐步提升"后富"群体的科学文化素养，推进教育经济与社会和谐发展，改善落后地区的人力资源，促进整个社会的公平正义，为实现终极精神生活共同富裕打下坚实基础。

"赋能"从语义上说可以理解为："某种事物的标准形式或使人们可以照着做的样式"。从哲学视角而言，赋能具有以下特征：第一，是基于对象的一种简明的抽象概括，对相关研究对象的类比表达，它以相似性为原则来模拟、仿造对象，把握住研究对象的主要矛盾和矛盾的主要方面。第二，就本质而言是对实践经验的一种规范性抽象总结，介于理论与实践中间，在经过一定理论加工后可以被推向大众，也可以被模仿被借鉴用来调查研究其他相对应的内容。

"精神生活共同富裕"理念衍生了"教育赋能精神生活共同富裕"术语，包括教育赋能精神生活共同富裕主体、教育赋能精神生活共同富裕要素和教育赋能精神生活共同富裕客体。这是在教育赋能精神生活共同富裕实践过程和实践经验基础中产生的，指教育赋能教育主体整合教育资源与要素，通过相关政策、组织和机制，在人员与各类教育体系之间形成一定的针对性教育方法作用于教育赋能教育客体，提供多层次多类型教育支持，调整人力资本结构，进而改善贫富差距过大的问题，实现教育赋能精神生活共同富裕。

当前，国家倡导要建立涵盖学前教育、九年义务教育、特殊青少年教育、职业专科教育和成人教育等多种体制并行的教育发展制度，高度关注那些在贫苦地区的教师他们的发展需求，极力推进城市和乡村之间教育资源平等，不断缩小二者的差距，在实践中逐步形成了具有中国特色的新时代中国特色社会主义教育赋能精神生活共同富裕。教育赋能精神生活共同富裕有多种分类方式。按照主体的不同,可划分为政府主导、社会主导、个人主导等;按照落实在客体实践方式的不同,可划分为救济式精神生活共同富裕与开发式精神生活共同富裕等。

2.2　数智教育赋能精神生活共同富裕的国内外相关研究综述

2.2.1　国外研究综述

纵观国外文献,与数智教育赋能精神生活共同富裕有关的研究成果丰富、涵盖广泛。

(1)制度视角。制度优劣比较,主要是同一制度主体不同发展阶段实施的制度之间的对比。不同制度主体之间的比较,只能起到发现不足、学习借鉴的作用。维尔弗雷多·帕累托提出"帕累托改进"和"帕累托最优"的内容。帕累托改进是主流经济哲学和政治哲学有关社会福利改进的判定工具,具有维护个人自由、一致同意、增量改革等直觉意义上的优点。帕累托改进存在着多种可能的演进方向,要避免阶级固化的逻辑,就应当坚持矫正正义,给利益受损者以更多的份额,从而使社会向较为平等的方向演进①。原有福利经济学范畴的帕累托最优状态不是唯一的。其第一基本定理认为任意的瓦尔拉斯均衡配置都是帕累托最优,以及第二基本定理认为帕累托最优是有转移的竞争性均衡。在完善理性人交换原则的基础上,通过改进帕累托最优条件,能确定帕累托最优状态是唯一的,其生产、消费配置以及价格都是唯一的②。

(2)人力资本投资视角。如西奥多·W.舒尔茨认为,贫穷国家或地区的贫困现象不是物质资本的短缺,归根结底是由于人力资本的匮乏。人力资本生命周期表现为人力资本存量生命周期和人力资本质量生命周期;它们在不同经济形态下表现出不同的变化规律,这些规律反映在人力资本存量生命周期上为 0～T0 期(快速增长期)及 T0～T1 期(缓慢增长期)的逐渐延长;而反映在人力资本质量生命周期上则为周期的不断缩短③。因此,大力发展教育促进共同富裕事业,对提高人力资本、促进国家或地区经济发展具有重要意义。舒尔茨的人力资本理论改变了传统的经济增长思维模式,注重通过对人力资本的投资推进对传

---

① 李风华,李风琦.我们需要什么样的社会福利改进——论帕累托改进的伦理约束[J].哲学动态,2019 (02):96-103.
② 徐德云.从规范到实证:论帕累托最优的唯一性与第一、第二福利定理的修正[J].财贸研究,2018,29 (12):28-38,79.
③ 向志强.人力资本生命周期与人力资本投资[J].中国人口科学,2002(05):13-19.

统农业的改造,促进经济的增长①。

(3)综合因素视角。纲纳·缪达尔是瑞典学派的创始人之一,也是发展经济学的先驱人物和新制度经济学的代表人物。纲纳·缪达尔认为存在着土地、教育和权力关系等三个方面的着力改革的发展方向,并且这三个方面是相互影响和累积改进的。作为一个制度经济学家和发展经济学家,纲纳·缪达尔采用制度分析方法研究发展中国家的发展问题,强调政治、制度、社会、文化等非经济因素的作用②。

(4)精准教育视角。美国教育部门在其报告《通过教育数据挖掘和学习分析促进教与学》中,提出了教育数智技术深度挖掘和学习研究、个性化学习方法、大数据应用、应用案例、应用困境和实践方法,第一次把"大数据"提升到美国国家的教育战略高度,为教育促进共同富裕实践提供了实践参考③。在《美国人工智能倡议首年年度报告》中,将培养人工智能人才作为一项关键政策和行动方针,并提出一系列具体举措,包括:使教育适应未来劳动力的需要。其中,要培养对象包括从技术新手到能够使用人工智能工具的人员,以及在人工智能最前沿领域开拓创新的专家。为了让劳动者做好使用人工数智技术的准备,政府、企业和其他组织机构需要更加关注 STEM 教育人才领域以及技术学徒、再就业培训,让他们掌握的技能能够更好地适应行业发展需求④。在大数据背景下,以教育数据挖掘为基础,通过综合运用统计、数据挖掘等技术和方法为手段,可以对学习行为进行综合分析,在对教育数据分析的基础上能够针对不同的受教育者建立相对应的学习行为模型,在对受教育者进行学习分析的基础上能够了解受教育者的认知行为特点,可以依此对受教育者的学习趋势进行科学预测。依据教育数据挖掘技术对受教育者的行为进行分析,有利于实现个性化教学,推动现代教育发展⑤。

从西方学者的著作及研究中可知,他们力图构建的数智教育赋能精神生活共同富裕由于受到资本主义这一社会制度的影响,难以精准地实施。进入 21 世纪以来,我国一直以来就将人工智能作为推动高质量发展的重要手段之一。人

①　王敏.我国农村人力资本投资探析——基于舒尔茨的人力资本理论视角[J].生产力研究,2011(05):26 - 28.

②　张乐.缪达尔:发展经济学的先驱——1974 年诺贝尔经济学奖得主[J].中国经济评论,2021(09):94 - 95.

③　徐鹏,王以宁,刘艳华,等.大数据视角分析学习变革——美国《通过教育数据挖掘和学习分析促进教与学》报告解读及启示[J].远程教育杂志,2013,31(06):11 - 17.

④　美国人工智能倡议首年年度报告.赛博研究院[EB/OL]. https://www.sicsi.org.cn/Home/index/look/id/354/type/%E4%BA%A7%E4%B8%9A%E7%A0%94%E7%A9%B6.

⑤　任庆东,王璐璐.通过教育数据挖掘和学习分析促进教与学[J].自动化与仪器仪表,2016(10):193 - 194.

工智能作为当代先进生产力的代表,搞清楚它对社会基本矛盾的影响,尤其是资本主义经济基础的影响,是有深刻意义和长远价值的。如今面对人工智能这股热潮,我们正好可以从实践的视角出发,以科学的态度去探究人工智能飞速发展的本质,并对其社会影响做出合理的推测和解析。

2.2.2　国内研究综述

目前,我国学术界已有不少教育促进共同富裕相关的论文、专著,呈现以下特点。

首先,大都沿用和借鉴西方的概念和研究成果。如朱德全根据新制度经济学的观点,职业教育服务共同富裕具有"规则体系社会嵌入""向下因果关系重构"和"集体稳定性获益"的制度需求①。詹国辉借助全国范围的面板数据,利用因果关系检验,发现教育资本对城乡收入差距存在显著影响。进一步,凭借阈值的协整检验和再估计结果表明,教育资本与城乡收入差距的影响效应是非线性关系②。纪明依据理论机制与模型论证基础设施和共同富裕的关系,并基于2010—2020年全国208个主要地级市数据,实证检验交通、教育基础设施改善对共同富裕的作用、路径及异质性效果③。李月将"优势视角"引入教育赋能农民共同富裕事业中,有助于打破长期禁锢农民优势潜能发挥的"蚕食效应"束缚,突围因"权力差异"而将农民问题化、客体化与边缘化的消极行为,降低因外部教育资源投入与援助减少而带来的脱贫后返贫风险,使农民在学会挖掘并善用内外部优势中实现自力创富与长远发展④。

其次,我国当前研究教育促进共同富裕的文献资料中,个体案例和调研报告的研究内容占据一定的比例。任增元选取黑龙江、吉林、辽宁东北三省2012—2021年36个城市共10年的数据,基于"富裕"和"共同"两个维度构建共同富裕指数,通过构建SYS-GMM模型分析东三省高等教育对实现共同富裕的影响效应⑤。朱德全为揭开职业教育促进共同富裕的贡献机理,基于客观熵权法测算共同富裕发展指数,并在 $C—D$ 生产函数基础上修正构建教育生产函数模型,以此

① 朱德全,熊晴.共享式发展:职业教育服务共同富裕的四维统筹制度设计与实施路径[J].湖北民族大学学报(哲学社会科学版),2024,42(02):147-158.
② 詹国辉,张新文.教育资本对城乡收入差距的外部效应[J].财贸研究,2017,28(06):37-46.
③ 纪明,曾曦昊,王竹君.交通、教育基础设施的共同富裕效应研究——基于异质性视角的考察[J].南京审计大学学报,2023,20(03):1-10.
④ 李月,刘义兵.优势视角下教育赋能农民共同富裕的创新路径研究[J].江苏大学学报(社会科学版),2023,25(03):112-124.
⑤ 任增元,沈玥彤.东北三省高等教育助力共同富裕的实证研究[J].现代教育管理,2024,(03):31-41.

测度职业教育促进共同富裕的贡献率①。徐家良以供给侧为理论视角,认为行政供给侧、市场供给侧、慈善供给侧、混合供给侧在推进共同富裕进程中分别发挥兜底性、基础性、提升性和互补性作用,多元供给侧互补嵌合,共同应对挑战②。

最后,我国的教育促进共同富裕研究大部分关注集中在个体理论,包括以下内容。

一是励志教育。如张远航认为资助育人是高校资助工作的本质要求,是高校"三全育人"综合改革的重要内容。"三全育人"理念为高校资助育人的逻辑建构提供了新的视角与方法。"三全育人"的理念和方法以及高校资助工作的本质要求、内涵共同决定或影响了高校资助育人的主体、内容与场域③。林涛认为高校应当在深刻认识高校学生党员励志教育所面临困境的基础上,运用社会主义核心价值观引领和指导励志文化教育体系的构建,通过社会主义核心价值观微观、中观和宏观三个层面,构建多维立体的励志文化教育体系,对高校学生党员进行正确有效的励志教育,并最终实现主流价值观在学生党员中的理论内化和实践自觉④。武国剑构建大学生感恩励志教育的实施路径,以感恩教育浇灌个体心灵,以励志教育砥砺报国远志,引导大学生以社会主义核心价值观为引领明确自身的价值选择,笃定自己的行为方向,为人才培养提供原动力⑤。

二是成立社团。如陈飞提出高校学生社团是落实立德树人根本任务、推进素质教育的重要载体,学生社团组织在大学生思想政治教育的过程中发挥着重要的育人作用,蕴含着深刻的价值内涵⑥。付忠勇通过分析新时代下高校学生社团的境遇,探索学生社团建设的优化路径:规范学生社团管理,营造和谐的社团育人氛围:遵循教育规律,挖掘隐性的社团育人功能:整合各种资源,搭建多媒介支撑的社团育人平台⑦。韩煦提出,高校学生社团是思想政治教育的重要阵地,是素质教育的重要载体,也是促进学生全面发展的育人平台。当前,学生社团建设面临价值引领有效性不足、社团行为与育人目标不匹配、全面育人意识不强、社团育人资源有待拓展等问题。提升新时代高校学生社团的育人效能,要从社团文化与青年特征出发强化价值引领,加强社团管理体系建设,推动社团内部管

① 朱德全,彭洪莉.职业教育促进共同富裕的发展指数与贡献测度——基于教育生产函数的测算模型与分析框架[J].教育研究,2024,45(01):16-29.

② 徐家良,成丽姣.慈善教育是实现共同富裕的重要供给侧[J].华东师范大学学报(教育科学版),2023,41(10):92-103.

③ 张远航,郭驰."三全育人"视域下高校资助育人的逻辑建构[J].思想理论教育,2020(07):107-111.

④ 林涛,赖浩明.用社会主义核心价值观指导学生党员励志教育[J].南昌教育学院学报,2016,31(04):7-9,58.

⑤ 武国剑,朱玲利.大学生感恩励志教育的理路探究[J].思想教育研究,2017(07):110-113.

⑥ 陈飞,郭兴华.高校学生社团组织育人功能研究[J].学校党建与思想教育,2022(08):74-77.

⑦ 付忠勇.高校学生社团建设的优化路径[J].学校党建与思想教育,2019(20):66-67.

理制度规范性建设,加强资源供给提升社团建设质量①。

三是教育经济理论。如杨芸基于就业优先推进共同富裕的理论逻辑,从提升共享性、增进富裕性、强化保障性三个方面探讨了就业优先推进共同富裕的实现机制,从统筹解决短期与长期的关键性就业矛盾、完善就业市场评价与监测体系以及积极探索就业推进创新三个方面提出推进就业优先的路径选择②。饶勇分析了不同类型旅游开发③;段淇斌探讨了如何在西部地区实现生态和经济两方面共赢的产业发展④;马楠提出了产业扶贫机制形成、推进精准落实和建立预警机制的产业共同富裕路径⑤。

四是教育与社会的关系理论。如李瑞琳指出高等教育与共同富裕的耦合协调包含两层逻辑关系:高等教育的高质量发展可以从基本内核和实现手段两个维度促进共同富裕总体目标的实现,其自身知识功能、个体功能、社会功能的发挥又离不开共同富裕目标的指引⑥。周晔从分级和区域两个方面来推进城乡义务教育一体化⑦;宗晓华对我国当前城乡义务教育质量进行实证研究,认为从中心城区到农村呈现出明显的城乡义务教育质量上的梯度落差,必须做出相应的调整⑧。王奕俊对 CD 生产函数进行改造,测算教育对于共同富裕指数增长率的贡献,并对各级教育进行分解,最终得出职业教育对于共同富裕的贡献率⑨。

五是教育与文化的关系理论。向天成提出了文化扶贫,实现经济上扶贫和精神上"扶志"的两者统一⑩。黄意武提出在高质量发展背景下,亟须以共同富裕为导向,进一步提升文化服务供给质量,缩小文化发展差距,优化文化治理主体,提高政府治理能力,增强文化投入效能,助推公共文化治理体系高质量发展,为

① 韩煦.高校学生社团育人效能的现状分析及其提升对策[J].思想理论教育,2021(01):108‐111.
② 杨芸.以就业优先扎实推进共同富裕:逻辑、难点与优化路径[J].山东行政学院学报,2024(01):59‐67.
③ 饶勇,徐圆,骆泽铭.旅游扶贫开发模式、关系性嵌入与知识转移关系[J].广西民族大学学报(哲学社会科学版),2015,37(06):128‐133.
④ 段淇斌,赵冬青.西部贫困地区产业扶贫模式创新研究——以临夏州和政县啤特果产业为例[J].开发研究,2015(06):55‐58.
⑤ 马楠.民族地区特色产业精准扶贫研究——以中药材开发产业为例[J].中南民族大学学报(人文社会科学版),2016,36(01):128‐132.
⑥ 李瑞琳.功能论视阈下高等教育促进共同富裕的逻辑理路与实践路径[J].高校教育管理,2024,18(01):92‐100.
⑦ 周晔.城乡义务教育一体化治理及其路径探析[J].当代教育科学,2015,(04):10‐13.
⑧ 宗晓华,杨素红,秦玉友.追求公平而有质量的教育:新时期城乡义务教育质量差距的影响因素与均衡策略[J].清华大学教育研究,2018,39(06):47‐57.
⑨ 王奕俊,邱伟杰,陈群芳.职业教育对于共同富裕贡献度测度分析与提升策略[J].教育发展研究,2023,43(03):75‐84.
⑩ 向天成,罗红芳.论文化扶贫的实践理路——基于马克思需要理论视角[J].贵州民族研究,2019,40(10):45‐51.

社会主义文化强国建设提供动力支持①。陈旭辉提出基本书化服务均等化高质量发展应倡导精准化发展理念,整合优化资源配置,引入新型均等化评价视角,进一步完善以"公众参与"为核心的均等化共建共享机制②。

　　已有的成果具有极高的理论价值,但已有的研究主要以对教育促进共同富裕的一般规律为主,远远不能满足数智教育赋能精神生活共同富裕的特殊需要,难以满足系统性理论的需要,因此仍有不少问题急需学术界的关注:①数智教育赋能精神生活共同富裕的相关理论尚未系统化;②数智教育与共同富裕的关系不够清晰;③数智教育赋能精神生活共同富裕的精准不够具体。对这些问题进行对策性分析是本书研究的理论意义之所在。

① 黄意武.精神生活共同富裕视域下公共文化治理的转向、困境与适配[J].中州学刊,2023(12):70－76.
② 陈旭辉.面向共同富裕的基本公共文化服务均等化:政策逻辑与路径选择[J/OL].图书馆建设:1－11 [2024－02－22].http://kns.cnki.net/kcms/detail/23.1331.G2.20231031.0830.002.html.

第 3 章
数智教育赋能精神生活共同富裕的理论渊源

3.1 马克思主义教育促进精神生活共同富裕思想

我国学者研究教育促进精神生活共同富裕的理论文献较为繁多,但是尚未形成专业的理论体系,尤其是对数智教育赋能精神生活共同富裕这项新的理论。探究我国数智教育赋能精神生活共同富裕,应当在研究马克思主义教育促进精神生活共同富裕思想和中国化教育促进精神生活共同富裕思想的基础上,借鉴西方教育促进精神生活共同富裕相关理论的可取之处,并继承中国古代教育促进精神生活共同富裕相关思想。在多重理论基础铺垫的基础上,持续推进数智教育赋能精神生活共同富裕事业,为建立建成中国特色社会主义现代化强国打下坚实基础。

与时代相适应的创新性精神生活共同富裕理论,数智教育赋能精神生活共同富裕研究在马克思主义精神生活共同富裕思想指导的基础上,吸取国外经典精神生活共同富裕理论的精华之处,在中国历代领导集体的教育促进精神生活共同富裕思想带领以及精神生活共同富裕实践经验基础上构建的,同时也是在新时代背景下马克思主义中国化的理论成果之一。

3.1.1 马克思恩格斯、列宁的教育促进精神生活共同富裕思想

1)马克思恩格斯的教育促进精神生活共同富裕思想

通过教育促进精神生活共同富裕问题的最终归宿是为了促进社会的公平以及实现人的自由全面发展。作为一位杰出的思想家、理论家和革命家,马克思的教育思想有其特定的社会立场和理论基础,是他的社会立场、理论基础在教育认识问题上的反映,与他整个的社会立场和理论基础密不可分,是完整的马克思主义思想的重要组成部分。

首先,马克思提出了人的全面发展与精神生活共同富裕理论。人的自由全面发展是马克思主义哲学的终极目标和理想追求,也是马克思一生关注的中心

问题。人的全面发展指人的思想道德、智力能力和身体健康情况的全面发展。要想让人得到自由而全面的发展,致力于社会生产力的提高是必不可少的,并且促进社会劳动分工合理化,由此省下更多的业余时间,来丰富劳动群众的精神文化生活。马克思明确了人的自由全面发展不仅具有其逻辑必然性,而且具有历史的必然性,是"联合起来的个人"共同占有高度发展的社会生产力和共同控制全面丰富的社会关系的必然产物;揭示人的自由全面发展虽是历史的必然,但它的实现是一个循序渐进的历史过程,只有在经历了"原始丰富性"和"普遍片面性"的漫长历史阶段后,才会走向"人的自由全面发展"这一新的历史阶段①。马克思认为,生产力落后、劳动分工不合理等因素会造成人的不全面发展。在数字经济时代,数字劳动成为劳动的新形态,它除了具有传统劳动的一般性特征,还具有劳动过程数字化、劳动时空自由化、劳动观念虚无化等特殊性,其本质上依旧属于物质劳动和生产劳动。唯有超越数字资本逻辑,通过数据共享、劳动与闲暇相融合、技术反哺等方式最大限度发挥数字劳动有利于人发展的优势,方能推动数字劳动从数字资本逻辑走向人本逻辑,实现人的自由全面发展②。

再者,马克思主张每个公民都具有平等的受教育权。资本主义社会的发展进程里有各种各样的不平等现象存在,特别是在群众受教育方面。就社会公平而言,所有公民本都应该公平地享有受教育的自由,然而为了获取劳动者更多的剩余价值以巩固统治,资本家们限制了工人们上学的自由。资本主义社会鼓吹的所谓"平等",其实质上是为了保障资产阶级的权益,并不是劳动群众的自由平等。所以,马克思认为,若要获得真正的公平受教育权利,就必须首先要获得真正的受教育权,受教育权是教育公平的基本保障。马克思的受教育权思想始终与无产阶级的立场与使命联系在一起,涉及受教育权义务主体与权利主体之关系、受教育权与平等权之关系、受教育权在不同历史阶段的基本特点等内容。马克思关于在共产主义社会"第一阶段"与"高级阶段"受教育权状况及其平等性问题的深刻思考,以及在"差别"中实现受教育权更高层次的"公平"、重视教育与生产劳动相结合、强调促进人的自由全面发展等重要思想,对于厘清社会主义阶段受教育权的基本特征、构建适合我国当前国情的受教育权保障体系,乃至推进产教融合发展,都具有重要意义③。

最后,马克思基于自己的唯物史观,首次提出了教育的社会性和阶级性问

① 郭凤凤,高家骥,燕飞.人的自由全面发展思想及现实思考——基于马克思《1857—1858 年经济学手稿》的考察[J].辽宁省社会主义学院学报,2023(04):10-15.
② 焦成焕,魏艳平.从数字资本逻辑走向人本逻辑:数字劳动推动人的自由全面发展[J].山东社会科学,2024(03):97-105.
③ 方益权,曾金燕.马克思受教育权思想探析[J].社会科学家,2019(11):149-153.

题,这在教育性质认识的历史上是一个重大转折。要想使工人的胜利水平远远高于贵族和资产阶级的胜利水平,就要将有偿生产劳动、智力教育还有体育教育同综合技术教育相结合。关于学龄儿童方面,就需要将生产劳动与智力教育还有体育教育等多个方面结合起来,它们之间的结合既是可以提高社会生产水平之路,又是全面培养综合型人才的必由之路。马克思分析研究了教育和生产力之间的联系。尽管马克思没有特别作专著论述有关教育和生产力系列关系的系统理论,但是从他的作品中可以看出很多有关教育与生产力关系的内容,例如他表示,一国或地区的教育状况是受到生产力与生产关系这一社会基本矛盾的限制。生产力发展水平会直接影响教育发展的规模、教育内容与质量和教育方式方法。生产力发展情况是受到多种因素影响的,如:劳动者熟练程度、科学发展水平、技术应用程度,还有劳动者与劳动资料的结合,劳动资料的结合规模和效果,以及各种自然资源。在影响生产力的多种因素中,最重要的就是劳动者素质在生产力中所发挥的作用。在这里,马克思所指出的劳动者熟练程度和科学发展水平以及技术应用程度等影响因素都同教育有一定的相关联系。

总而言之,马克思关于生产力、平均熟练程度与教育者素质之间关系的理论,为我国教育促进精神生活共同富裕实践提供了理论依据。社会分工把人变成了片面的人,因为分工使得个人只能活动于特定范围,只能牺牲其他一切特性而单方面地发展某种特性。因此,能够让人得到全面发展的教育,一定不是偏颇的、狭隘的、局限于某方面的教育。教育促进精神生活共同富裕的着力点就在于,多方面、全方位提高人的素质,开发人的潜能,促进人的全面发展,提高社会生产水平和劳动生产效率,把全体社会成员的教育建立在社会全面发展的基础上,更好实现社会的最高理想并逐步实现共产主义远大目标。

马克思的人的全面发展与教育促进精神生活共同富裕理论为我国教育促进精神生活共同富裕工程划清了前进方向和最终目标。中国共产党全面继承了马克思关于人的全面发展学说,将之作为指导中国共产党发展教育的世界观和方法论武器。我国实施的教育促进精神生活共同富裕就是为了实现教育公平,数智技术则是教育促进精神生活共同富裕的一种现代手段。

2)列宁的教育促进精神生活共同富裕思想

马克思、恩格斯两人在他们所创立的有关人的全面发展教育理论中指出,人应当充分发展自己的脑力和体力。通过研究教育和生产力的关系,揭示教育对生产力的反作用,马克思恩格斯强调了教育的重要意义。列宁把马克思主义基本原理与俄国具体实际相结合,基于俄国无产阶级革命形势的阶段性变化以及人民群众在思想领域呈现出的新需求,结合俄国十月革命与社会主义建设的现实需要,在坚持科学社会主义基本价值原则批判资产阶级价值观的过程中,形成、丰富和发展了社会主义思想教育的科学理论。

列宁在继承发展马克思恩格斯的教育促进精神生活共同富裕理论的基础上,认为教育应当是属于劳动人民的,强调知识是无产阶级获得革命胜利的法宝,提出现代教育的概念,指出现代教育应该服务于社会主义的建设。十月革命胜利之后,由于国内落后的文化教育水平,在帝国主义和无产阶级革命的时代背景下,列宁将马克思提出的理论与俄国的革命相结合,深入实际,针对当时实际情况,把马克思的一般性真理与其结合,从而形成了列宁主义。列宁对沙皇政府统治下的不公平的教育政策进行了批判,"在俄国的国民教育的敌人中,没有比俄国政府更凶恶、更不可调和的了"①。在沙皇政府统治下,政府所兴办学校用的钱来源于贵族用 10% 的特权压迫 90% 的俄国民众所获得的,这种畸形社会现象阻碍了人们的平等受教育权利。十月革命前的俄国,文化异常落后。国内居民大部分是文盲,9 岁以上不识字的占全国总人口的 76%;在农村,9 岁以上的人80% 是文盲;妇女的情况也是严重的,文盲占 80%;至于中亚、北方和其他边区,许多民族几乎全是文盲。列宁认为,在非生产和胜利的层面上,获得知识是劳动者解放的重要武器。劳动者获得知识,是因为知识是劳动者获得劳动能力的必要条件。劳动群众他们都知道:教育才能获得知识,这是劳动者用来争取自身解放的武器。劳动群众经常遭受挫折的原因主要是教育知识缺乏,目前劳动者要实现自身解放就要使自己受到一定程度的教育②。

3.1.2　中国共产党历代领导集体的教育促进精神生活共同富裕思想

1949 年新中国成立后,中国共产党数代领导集体都继承发展了马克思主义的教育促进精神生活共同富裕思想,为我国精神生活共同富裕实践提出了科学指导。"坚持扎根中国大地办教育"凝结了中国共产党人拼搏奋斗的宝贵经验,是中国共产党人对中国特色社会主义教育规律的准确把握,是办好中国特色社会主义教育事业的基本遵循,也是中国教育在中国共产党领导下持续不断探索的写照。中国共产党全面继承了马克思关于人的全面发展学说,将之作为指导中国共产党发展教育的世界观和方法论武器,并充分体现在党的教育方针中。培养全面发展的人作为党的教育方针的重要内容,始终被置于重要的位置,指引着我国教育事业的发展方向,不断纠正着不时冒出的一些片面的教育价值观或教育现象,保障整个教育事业的健康发展。

①　中共中央马克思恩格斯列宁斯大林著作编译局.列宁全集(第 19 卷)[M].北京:人民出版社,1959:126,132,134.
②　中共中央马克思恩格斯列宁斯大林著作编译局.列宁全集(第 28 卷)[M].北京:人民出版社,1960:70.

1)毛泽东的教育促进精神生活共同富裕思想

习近平总书记在纪念毛泽东同志诞辰 130 周年座谈会上,深情回顾了毛泽东同志为中华民族、中国人民建立的不可磨灭的历史功勋、作出的光耀千秋的历史贡献,强调"毛泽东同志带领人民开创了马克思主义中国化的历史进程""为我们正确对待马克思主义、不断推进马克思主义中国化时代化提供了光辉典范",并明确指出,"毛泽东思想是我们党的宝贵精神财富,将长期指导我们的行动"①。

毛泽东在《矛盾论》中提出矛盾是不平衡、不对等的,事物的性质,"主要地是由取得支配地位的矛盾的主要方面所规定的"。同时矛盾又是发展变化的,"矛盾的主要和非主要的方面相互转化着,事物的性质也就随着起变化"②。推动共同富裕是迈向精神生活共同富裕的重要内容,也是一个复杂的矛盾体。它不是精神生活的平均或同一,而是使每一个个体实现精神生活的自由全面发展,即以精神境界充分提高为内核,带动精神财富极大丰富和幸福感的最大获得。

矛盾论视域下,主体、客体和环境构成推动精神生活共同富裕的主要矛盾,而主体精神素养的培育则构成矛盾的主要方面,因为精神生活不同于物质生活的根本前提在于人必须要有相应的主体精神素养,否则即使给予也享受不了,而且满足精神生活的物质条件未必能实现相应的精神生活主体素养,高水平的精神生活也未必依赖物质条件的满足。进一步看,要以心理特征、理想信念、人生哲学等关键因素作为提升主体精神素养的先导,同时嵌入客观对象和环境使其更好地支撑前者,通过有机结合最终真正助力精神生活共同富裕③。

2)邓小平的教育促进精神生活共同富裕思想

改革开放以后,以邓小平同志为主要代表的中国共产党人紧紧围绕"什么是社会主义,怎样建设社会主义"这一重大问题,坚持解放思想、实事求是思想路线,对共同富裕问题在理论和实践两方面做出了新的探索。邓小平教育思想是邓小平理论的重要组成部分,具有鲜明的管理特质。重视教育战略地位,以改革统揽全局是邓小平教育思想管理特质的集中体现④。第一,邓小平高度重视我国的教育发展。虽然邓小平常常强调经济的发展,但也要高度重视发展教育以及劳动者综合素质的提高。邓小平提出"百年大计,教育为本",号召全党全国贯彻以发展生产力为主旨的科学教育认知。第二,邓小平将义务教育均衡发展摆在重要位置。邓小平认为教育资源要注重均衡发展,不能将教育资源仅投入到城

---

① 习近平.在纪念毛泽东同志诞辰 130 周年座谈会上的讲话[J].党建,2024(01):5-10.
② 毛泽东. 矛盾论[M]. 北京:人民出版社,1975:59.
③ 罗叶丹,褚湜婧.矛盾论视域下推动精神生活共同富裕的理论初探[J].江西师范大学学报(哲学社会科学版),2023,56(04):35-42.
④ 谈力群,郭孝文.论邓小平教育思想的管理特质[J].学术探索,2015(01):79-82.

市,更多的则是发展较为落后地区的教育资源的投入必须全面实施义务教育,深入城市和乡村,尽快减小全国各地区教育发展水平之间的差距,从而不断改善农村和西部发展较为落后地区义务教育落后的局面。第三,邓小平提出"三个面向"的新型教育观,即面向现代化、面向世界和面向未来。邓小平推动"三个面向"教育发展与精神生活共同富裕相结合,将"三个面向"的精神融入于教育促进精神生活共同富裕之中。发展较为落后地区的人民群众可以通过教育改变命运,获得相关的知识和专业技能,改变经济贫困与精神贫穷的状态,后富追上先富,实现精神生活共同富裕。

3)江泽民的教育促进精神生活共同富裕思想

以江泽民同志为核心的党领导集体进一步完善教育促进共同富裕思想。1994 年,党中央国务院提出将扶贫开发与国家发展战略相结合。1996 年 9 月,江泽民在考察发展贫困地区时指出,"摆脱贫困的根本出路"就是"把贫困地区干部群众的自身努力同国家的扶持结合起来……增强自我积累、自我发展能力""实现共同富裕是社会主义的根本原则和本质特征,绝不能动摇","党的十一届三中全会以后,我们党实行了一项政策,即允许和鼓励一部分地区、一部分人通过诚实劳动和合法经营先富起来,带动全国人民走共同富裕的道路。这是符合按劳分配原则的""运用包括市场在内的各种调节手段,既鼓励先进,促进效率,合理拉开收入差距,又防止两极分化,逐步实现共同富裕"①。

4)胡锦涛的教育促进精神生活共同富裕思想

以胡锦涛同志为首的新一代领导集体依据新世纪的视野、全球的视角和我国国情,创新了科学发展观、和谐社会和新农村建设等理论②。胡锦涛系统提出了社会主义和谐社会理论,指出我国教育结构与布局不合理,而且城乡与区域教育的发展呈现不平衡趋势。胡锦涛把深化改革、完善体制机制作为促进科学发展的重要保障。要想构建和谐社会,实现教育公平,第一步就要改善发展较为落后地区教育问题。一方面,坚持以人为本的科学发展观,赋予教育促进精神生活共同富裕的新内涵,通过建设全面小康社会描绘教育促进精神生活共同富裕新目标;另一方面,构建社会主义和谐社会理论,拓展了教育促进精神生活共同富裕新的路径,依托"建设社会主义新农村"战略深化教育促进精神生活共同富裕新的措施。这些是这一阶段教育促进精神生活共同富裕思想的主要内容,也是胡锦涛对马克思主义教育促进精神生活共同富裕理论中国化、完善我国教育促进精神生活共同富裕思想做出的新贡献。

---

①　江泽民.江泽民文选(第一卷)[M].北京:人民出版社,2006:552.
②　黄承伟,刘欣.新中国扶贫思想的形成和发展[J].国家行政学院学报,2016(3):63-68.

5）习近平的教育促进精神生活共同富裕思想

2021年我国打赢了脱贫教育攻坚战，为我国全面建成小康社会奠立了公平正义教育的生产关系基础。党的十八大以来，以习近平同志为核心的党中央在教育承前启后、继往开来中就精神生活共同富裕的相关理论和实践教育问题形成一系列重要论述，涵盖了经济富足、教育政治民主、文化繁荣、社会和谐、生态健康等教育与人民生活相关的方方面面。习近平关于精神生活共同富裕的重要论述充分体现了马克思主义理论在当代中国的创新发展。深入学习习近平关于教育精神生活共同富裕的重要论述，有助于我们深入理解教育赋能精神生活共同富裕的战略部署，进而推动精神生活共同富裕取得更为明显的实质性进展。

党的十八大以来，习近平一系列涉及各领域理解的理论和方略，体现了习近平长期以来在教育促进精神生活共同富裕实践的深邃思考。习近平深入走访国内各地区，始终将教育促进共同富裕工作摆在重要位置，在一系列考察、讲话中阐述了教育促进精神生活共同富裕的新目的、新要求、新重点和新着力点。基于中国式现代化的丰富内涵，习近平对精神生活共同富裕的精准论证，是对新发展阶段社会主要矛盾的精深把握，是全面推进中华民族伟大复兴中心任务的精良设计，也是对推动构建人类命运共同体，创造人类文明新形态的精湛探索，体现了自信自强、守正创新、踔厉奋发、勇毅前行的理论精华和思想智慧①。党的二十大明确将全体人民共同富裕写入了中国式现代教育化的内涵，强调了共同富裕、中国式现代化和中华民族伟大复兴的高度契合性，充分体现了社会主义生产关系进一步适应生产力较高水平发展的教育新要求。

第一，教育促进精神生活共同富裕的新目的。教育促进精神生活共同富裕首先在于提升发展较为落后的人群的造血能力。2015年《人民日报》刊文指出，"贫富差距已具有一定的稳定性，并形成了阶层和代际转移，一些贫者正从暂时贫困走向长期贫困和跨代贫穷。如果不想办法改变这一情况，贫富差距便会趋向稳定化和制度化，成为一种很难改变的社会结构，社会阶层流动通道也将被严重堵塞"②。发展落后不仅指的是物质的匮乏，由于所处环境的闭塞落后，发展落后地区儿童的思想从小就存在着自身的文化局限性，并通过代代相传，形成了恶性的循环，因此使得几代人都无法摆脱自身的困境。

习近平关于精神生活共同富裕的重要论述，承继了马克思主义的精神生活共同富裕思想，回应了新的时代之问。从微观角度来看，对于发展较为落后的群众来说，将教育促进精神生活共同富裕工作做到因户因人政策，不断加大对发展较为落后地区教育的扶持力度，不仅提高其生活质量，更重要提高精神层面的发

① 白勤，陈燕."人民精神生活共同富裕"的理论深蕴与思想智慧[J].重庆社会科学，2023（07）：93-105.
② 冯华.一些贫者从暂时贫困走向跨代贫穷[N].人民日报，2015-01-23（17）.

展,使他们能够看到更广阔的人生空间,进一步实现自己的人生价值,使得人人都有人生出彩机会。习近平多次阐述了唯物史观的教育群众观点与精神生活共同富裕之间的内在关联,坚持以人民为中心的发展思想,形成了教育逐步实现全体人民共同富裕的理论。

第二,教育促进精神生活共同富裕的新要求。其一,教育促进精神生活共同富裕阻断贫困代际传递。学术界认为发展较为落后的人民群众低收入状况由父母一代会传递给子女一代,也叫贫困代际传递。加里·S.贝克尔和汤姆斯建立的代际传递经济模型认为,父母的经济收入水平很大程度上影响着下一代子女的经济收入。因此,对于现在而言,发展教育事业是阻断贫困代际传递的有效方式,要想脱离贫困,就要将教育摆在重要位置,教育公平是摆脱贫穷的关键手段。通过教育投入的不断积累,为下一代的发展奠定一个更高的基础,让孩童通过学习不断补充知识、开拓视野、提升素养、增强能力,从而打破贫困的循环传递。其二,优先发展农村教育。虽然精准扶贫工作的圆满完成和乡村振兴工作的持续推进让教育促进精神生活共同富裕事业取得巨大进展,但是就当前而言,以农村为代表的发展较为落后地区的教育水平显然还是相对落后的,和以城市为代表的发展较为发达地区的教育水平相比依然有相当大的差距。这显然与精神生活共同富裕的战略是不符合的、不适应的。因此,要科学制订规划策略,持续加大农村教育投入,增强农村等教育水平相对落后地区的教育教学质量。其三,教师应当成为教育促进精神生活共同富裕发展的"马前卒"。为了缓解贫困的困境,防止贫困代代相传,有必要改善教育体系,增强发展较为落后地区的发展能力,实现教育促进精神生活共同富裕的最大功效。广大教师是改善教育体系的重要执行人,责任重大。构建教育促进精神生活共同富裕体系,应当将发展较为落后地区教师队伍建设放在教育精神生活共同富裕事业的重要位置,提高教师素质,改善教师处境,克服教授困难,解决师生矛盾,实现整个发展较为落后地区的教育质量和水平的提升,让发展较为落后地区的受教育群体得到更为公平和更高质量的教育。

第三,教育促进精神生活共同富裕的新着力点。其一,着力于精神意志的培育。要想摆脱经济上发展不平衡不充分的状态,首先就要在思想上改变发展不平衡不充分,只有改变在精神上的发展不平衡不充分,才可以进一步克服所在区域的发展不平衡不充分,整体上克服在物质生活和精神生活上的发展不平衡不充分,最终解决整个国家和民族的发展不平衡不充分问题。如果发展较为落后者仅仅在经济上得到支持,思想上的匮乏贫困仍然没有得到解决,精神生活共同富裕就会难于进行。即使暂时达到目标,过一段时间也会因为精神上的匮乏贫困,再度陷入物质生活和精神生活的双重贫困。其二,着力于精神知识的培养。

要将发展较为落后的人民群众的素质教育同技能培训结合起来,促使每个人都掌握一定的技能,引导发展较为落后的人民群众用自己的劳动来实现脱贫和致富。因此,教育促进精神生活共同富裕是实现脱贫的重要手段,也是有效地解决目前发展不平衡不充分问题的重要途径。其三,精神能力的提升。要总结在精准扶贫工作中积累下来的好经验、好做法,做到"扶上马,再送一程",把教育促进精神生活共同富裕与就业工作有效结合,做到真脱贫、脱真贫,做到真致富、致真富,构建教育防返贫、促富裕的新模式。

第四,教育促进精神生活共同富裕的新重点。其一,"精准改造"。教育经费投入应加大对发展较为落后地区的投入力度,使得改造薄弱学校的政策落到实处,全面规划发展较为落后地区学校结构,整改落后地区学校的基础设施,不断提高发展较为落后地区教师的教学水平。一方面,加强农村学校的基础设施建设并改善其系统。基础设施建设是国民经济基础性、先导性、战略性、引领性产业。基础设施是经济社会发展的重要支撑,要统筹发展和安全,优化基础设施布局、结构、功能和发展,构建现代化基础设施体系,为全面建设社会主义现代化国家打下坚实基础。有必要进行政策分级,全面实施减薄项目,改善和改革弱势学校,促进全面规划以及改善发展较为落后地区的学校运营。另一方面,专注于构建软件将提高运行学校的质量。指导学校改进教育教学和管理,全面育人、科学育人,提升办学治校和实施素质教育能力,为教育者提供助学金和教育信息化水平不断提高,确保受教育者接受优质教育,促进每个学生全面健康成长。其二,"精准资助",完善教育促进精神生活共同富裕体系。一方面在学前教育中投入了大量资金,提供具体的优先政策,以便较为落后地区的儿童可以更好地学习,在生活中有效地增强他们身体的能量需求。通过完善义务教育制度,实施与中学生有关的政策,增加对大多数学生的经济援助,减少或免除学费,提供国家补助金,在衣食住行等方面减轻生活压力,把教育资金精准落实到每一个受教育者身上。其三,"精准就业",建立校企联动责任制度,优先考虑贫困学生就业,为贫困学生提供就业指导。进一步加强和规范学校校企合作管理,推动政校企行协同联动,构建校企命运共同体,发挥企业在实施职业教育中的重要办学主体作用,形成"产教融合、校企合作、工学结合、知行合一"的协同育人机制。促进教育链、人才链与产业链、创新链有机衔接,培养高素质技术技能人才,高水平服务区域经济和社会发展。努力健全"一对一"的帮扶机制,准确建立学生就业的信息数据库,尽快实现专门帮扶和精准就业,使每个学生都能发挥自身价值。其四,"精确培训",优化学校人才队伍建设、优化高校专业设置、优化课程体系和课程内容,加强学生素质和技能培养,提高学生岗位适应能力和就业能力。长期以来,一些培训只是"炒炒剩饭",缺乏新意,培训讲授的有效性不足,习惯于我说你听、我打你通,只管讲授、不管效果,致使培训工作上紧下松、流于形式。对于无法找到工作的主要群体,应当更多地关注不同类型人员的需求,为他们量身订制培训计划,有针对性地进行就业指导和培训,让贫困学生至少培育一种可以支撑生活并发家致富的实用技术,以便他们依靠技术来实现自己的繁荣之路。

3.2　西方教育促进精神生活共同富裕相关理论借鉴

3.2.1　贫困文化的相关理论

贫困文化理论是立足于社会文化的角度来解释贫困现象的一种理论。美国学者奥斯卡·刘易斯对墨西哥不同地区贫困社区家庭进行了深入研究。奥斯卡·刘易斯认为,贫困文化是家庭贫困延续的重要原因,并首先提出了这个理论。在奥斯卡·刘易斯看来,贫穷实际上代表着贫困家庭的文化体系,一种维持贫穷的文化。由于贫困家庭多年生活在贫困之中,他们就会慢慢固化观念,按照原有的生存环境,建立了不同于主流社会文化的亚文化体系。当这种亚文化体系形成时,它将影响穷人及其周围的世代相传的人民,贫困本身将在这种文化的约束和保护下继续存在。

在人类学中,"文化"实际上是一种生活结构,可以代代传承。在用"文化"这个概念来理解贫穷的时候,现代国家的贫穷不仅是经济上一贫如洗、无组织状态,或者是一无所有的状态,而是影响更高层次全国性文化的重要动因,是自成一体的亚文化。贫困文化意味着某些积极的成分,存在着某种结构和理据,甚至是使穷人得以生存下去的某些防卫机制。简而言之,那就是一种生活方式,相当稳固恒久,在家族内部世代传承。对家族成员来说,贫穷文化具有自身的以及明显的社会和心理后果。

《五个家庭:墨西哥贫穷文化案例研究》一书中提出墨西哥的贫穷文化的现实境况。奥斯卡·刘易斯描绘到,到目前为止,墨西哥贫民甚至还保留几千年前的生活传统,日出时劳作,日落后才休息,一日三餐的饮食也几乎没有什么改变,人和动物共同生活是一种普遍现象。不合理的生活方式不仅损害他们的健康,而且使得发展较为落后地区人民的思想僵化呆滞。其次,就其行为守则而言,由于封闭和保守的地理环境,在许多其他地区早已消失的定型观念在墨西哥依然得以保留,早婚、早产和父权制等在较贫穷地区依然是主流,这将导致人口素质下降,使当地人民深陷贫困的泥潭不能自拔。最后,在价值观方面,生活在发展较为落后地区的人们往往特别相信宿命论,因为他们长期摆脱不了贫困。他们相信生活注定是富有、廉价和幸运的,而努力反倒是没有意义的。知足贫穷、幸福生活、沉静无欲是当地的主流价值观。

由此可知,贫困文化是发展较为落后的人民群众处于长期生活困难逐渐产生的一种自我保护机制,可是却事与愿违。精神贫困作为减贫政策的话语实践或研究概念,一度被视为导致贫困发生的关键原因。随着贫困研究及减贫干预实践的深入,精神贫困开始作为一种贫困的表征或减贫干预的意外后果而存在①。教育具有促进先进技术和文化的社会功能。开展有针对性的扶贫教育,可以使得发展较为落后地区的文化形态慢慢改变,使得贫困人口的整体素质整体提高。与此同时,也为贫困劳动者带来脱贫和致富的能力,进而从根本上实现改变贫困文化土壤的目标。

3.2.2　关于"收入再分配"的精神生活共同富裕相关理论

收入再分配是指在初次分配基础上进一步完成的收入分配活动,即在各机构单位(或部门)之间所进行的"特殊交易"收支,也就是"转移"。转移是指一个机构单位向另一个机构单位提供货物、服务或资产等各种资源,而不从后者那里收取任何上述资源作为对等物回报的行为。收入再分配理论从收入重新分配到减轻普遍贫困,是确保资产阶级的阶级利益,考虑资产阶级的发展方式。

收入再分配理论的出现与时代背景密切相关。工业革命成功之后,主要的几个西方发达国家迈入工业世界,资本主义也完成了由自由资本主义向垄断资本主义的过渡。这是社会历史的变化过程,迅速提高劳动生产率,推动资本主义商品经济的快速发展。由于生产力的快速发展和社会财富极快增加,不仅没有改善广大工人阶级的生活水平,而且使穷人的生活境况不断恶化。19世纪70—80年代,日益严重的发展不平衡不充分问题使社会和阶级矛盾比以往任何时候都更加尖锐。争取工人经济利益的阶级斗争变得更加激烈,这对世界各国资产阶级的统治产生了深刻的影响。

社会现实情况改变了人们的生活态度及对传统贫困的理解。面对马克思社会主义思想广泛传播和工人阶级运动的兴起汹涌,资产阶级进一步加强了对社会现状的维持的力度,以巩固资产阶级的统治地位。这时,除了马克思恩格斯提出的资本主义社会基本矛盾的根源解决问题的办法外,其他资产阶级学者也重新审视社会的发展不平衡不充分问题,从而出现了传统古典经济学,认为贫困是由个人自己的原因造成的。其中,德国新历史学派、费边社会主义和新自由主义的研究有很大的影响。

首先,费边社会主义是19世纪80年代英国费边社的改良主义思潮。费边

---

① 刘欣.致贫原因、贫困表征与干预后果——西方贫困研究脉络中的"精神贫困"问题[J].中国农业大学学报(社会科学版),2019,36(06):96-103.

社会主义是费边社提出的一种与科学社会主义相对立的资产阶级改良主义思想体系,它吸纳了社会有机论、进化史观、功利主义、马克思主义、经验主义等思想资源,是英国土生土长的社会主义理论,在世界近现代史上产生了一定的影响,它丰富和加深了人们对于社会主义的理解,为解构和重构社会提供科学研究方法,为市场社会主义构建提供了原始蓝图①。费边社在 1884 年成立,其代表人物为剧作家兼评论家萧伯纳、历史学家韦伯等,其宗旨是"按照最高道德原则迅速重建社会"。费边社会主义强调,贫困不但是个人问题,并且是社会问题,政府也有责任和义务依据社会需要进行一定部分的财富转移,以帮助病、老、少和失业者,并确保每一个人都有保障。费边主义是主张以解决贫困为中心的理论,为贫困研究视角由个人主义向集体主义的改变做出了巨大贡献。

其次,新自由主义经济学是当代经济理论中强调自由放任理论与政策的经济学体系和流派。在 19 世纪末,新自由主义指出,工人的贫困最终应归结于社会结构而并不是他们的闲置。新自由主义是一种经济和政治学思潮,它反对国家和政府对经济的不必要干预,强调自由市场的重要性。但不同于经典自由主义,它提倡社会市场经济,即政府只对经济起调节以及规定市场活动框架条件的作用。新自由主义者认为,在经济发展过程中,富人和穷人所获得的经济利益是不同的,因此有必要通过立法加强政府的作用并重新分配。新自由主义经济学的核心范式自身存在历史逻辑局限性,它忽略了资本主义生产过程以及由其引起的市场交易而出现的各种矛盾。从发达国家和后发国家之间的关系来看,发达国家凭借几百年的积累以及全球化竞争的有力手段,在相当大的程度上把这些矛盾隐藏和转嫁给了殖民地和后发国家②。

最后,德国新历史学派是 19 世纪 70 年代至 20 世纪初期在德国出现的经济学流派,其主要代表有:史泰因、谢夫勒、阿道夫·瓦格纳等。德国新历史主义萌生于黑格尔历史主义下的德国历史学派与黑格尔历史哲学在民族特质、思想主旨、分析范式上具有显著的相通性,同时黑格尔主义下的德国历史学派也继承了黑格尔历史哲学的唯心辩证主义③。社会政策税收理论是新历史学派理论的精髓,他们指出,只有通过这种政策来改变财产、所得分配不公正的矛盾,才能稳定德国的社会秩序,才能贯彻税收的社会政策。德国新历史学派强调经济发展的历史性和国民经济的有机体现,提倡福利国家这一概念,认为国家除了维护安全和社会秩序之外,还具有文化和福利目的功能,强调必须充分发挥国家行政职能的作用,以造福于整个社会并承担"文明与福利"的责任。维护社会稳定还有经

①　李柏红.费边社会主义的理论渊源、思想价值及其当代意义[J].山东社会科学,2020(12):114 - 119.

②　孙璐,庞昌伟.新自由主义经济学范式批判[J].学海,2020(05):93 - 100.

③　潘凤,闫振坤.德国历史学派是建构中国经济学的理想范式吗?[J].社会科学动态,2021(06):23 - 27.

济发展是政府的职能,保护工人以及平衡政治权力等多重任务也是政府需要担负的责任。通过税收政策实现财富的重新分配,通过监管和实施国家改善的必要性建立国有企业。站在社会保障制度的角度上看,国家应当通过颁布立法,推动一系列社会政策实施比如实施保险制度等,对发展较为落后的人民群众实施救济,在劳资合作、工厂监督等方面提出一系列缓解阶级冲突的举措。自从德国社会保险制度建立之后,世界上许多国家和地区都开始逐步建立一个又一个具有现代意义上的社会保障制度和社会保障体系。社会保障制度和社会保障体系是建立在国家或政府干预的基础之上,如果公民个人丧失了暂时或永久性的工作能力,由于各种原因使个人生活变得困难,社会和政府要保障发展较为落后的人民群众的基本生活。

福利经济学的兴起为其提供直接理论基础。"福利国家"关注公共部门在养老、医疗、失业等直接关切公民福利的传统社会保障领域推行的社会政策。福利国家的理论源流主要包括两个系统,分别是以社会为中心的理论体系和以国家为中心的理论体系。以社会为中心的福利国家理论,主要包括工业主义理论和权力资源理论,该理论体系强调经济社会结构变迁,社会力量和权力资源变化等因素,对福利制度的产生和发展具有重要影响。以国家为中心的福利国家理论,强调国家的政治制度、领导人的意志、决策者的偏好等因素,对福利国家的建设和发展具有重要影响[1]。

福利经济学是由英国经济学家霍布斯和庇古于 20 世纪 20 年代创立的研究社会经济福利的一种经济学理论体系。伴随着福利经济学的兴起及发展,福利经济学在促进社会贫困从个人责任向国家和政府责任的转变中已实现其重要作用。

英国学者庇古在其著作《福利经济学》中系统地阐述了福利经济学的理论。影响社会福利的第一个因素是国民收入,第二个因素是国民收入在社会成员之间的分配。基于这个观点,庇古提出提高总体幸福感水平的方法。一方面,促进收入增加的关键是生产要素的优化配置,其中最重要的因素则是劳动力。因此,应当对劳动力进行合理分工分配,增加劳动力的收入,为劳动力提供合适的工作环境和工作条件,提高和改善劳动力的福利条件。另一方面,对国民收入进行整体性的重新分配。在国民总收入不减少的情况下,相对富裕群体的收入可通过税收转移到相对贫困群体,进而改善整个社会的福利。主要包括两种方法,其一为直接转移。政府向全体公民提供同等水平的福利资金或服务,例如增加几种社会保险和社会福利设施的财政转移。其二为间接转移。政府向符合财产调查要求的低收入群体提供现金、物资或服务救济，例如为发展较为落后的人民群众以及失业者提供生活必需品的补贴。

福利经济学第一次将穷人的福利同国家干预收入分配这两者结合起来，这一结合确保了社会福利保障体系的正义原则。在福利主义的视域下，政府通过干预收入方面的分配，从而改善发展较为落后的人民群众的社会福利。为发展较为落后的人民群众提供培训和教育机会自然也处于其中的范畴，这是福利经济学理论的基本内容。

收入重新分配理论的核心是通过国民收入的重新分配，在贫富之间、雇主与失业者之间、健康与残疾人之间以及富人与穷人之间合理分配。自由放任的市场机制并不能解决收入分配差距问题，西方现代主流经济学由于缺乏合理的收入分配理论而无法解决现实社会经济问题[①]。与收入初次分配不同，初次分配侧重于效率，再分配更侧重于公平。国民收入的初次分配指国民收入在物质生产领域内部进行的分配，包括国家收入、企业收入、个人收入三部分，同时在不同的所有制中分配的具体情况也有很大的差异。在按生产要素分配的原则指导下，由于各要素提供者付出的生产要素存在多寡和性质的区别，因此初次分配的结果将自然地在要素提供者之间形成收入差距。这种收入差距要能够被控制在合理的范围内，并能通过后续的再分配与三次分配得到调节。

福利经济学的兴起在一定程度上有助于促进贫困的消除。福利经济学对发展较为落后的人民群众的基本生活提供保障，而且从某种意义上帮助消除了绝对贫困，维护了社会公平，促进了社会文明进步。但必须重视的是，福利经济学兴起的出发点在于阶级统治和维护社会稳定，而不是真正地保障发展较为落后的人民群众的利益。高福利国家"从摇篮到坟墓"的社会福利一度吸引了世人艳羡的目光。目前西方发达国家普遍富有，福利经济可谓如火如荼，但我国发展不平衡不充分问题依然严重，根本原因就在于福利经济学的目的不是为了人的全面发展，只是为了维持穷人基本生存需要，防止穷人的"揭竿而起"。因此，资本主义社会贫困会一直持续下去，无法得到根除和消除。

福利经济学的收入再分配虽然可以一定程度上解决发展不平衡不充分问题，但前提需要不断创造社会财富。高福利从来不是没有代价的，从没有天上掉馅饼的事。高福利必然意味着高税收，贫富差距的缩减和平等的促进必然意味着资源配置效率的降低。以高税收支撑高福利，必然减少企业发展资金，制约企业发展，无异于杀鸡取卵。由于社会福利水平上调容易下调难，公众很难接受紧缩政策，因而只能借新债还旧债，以致窟窿越来越大，最终酿成债务危机。"福利

国家"危机的爆发可以充分说明,要把创造财富和分配财富放在同等重要的地位,发展不平衡不充分问题才能从根本上加以消除。从福利国家的理论沿革和历史渊源来看,福利政治并非西方国家的本质特征,恰恰是西方国家建设的瓶颈,证明了在资本主义社会体制下既不可能产生真正意义上的治理型国家,也不可能有真正的福利治理①。

人工智能不仅是数字化转型的重要手段,更是数字经济高质量发展的重要动力。人工智能是一把双刃剑,对社会福利会产生积极或消极的影响。人工智能所带来的经济和社会影响不仅包括产品市场和要素市场的匹配摩擦,还包括生产率、经济增长、就业、收入分配、市场力量等方面的问题。这些问题的解决不仅取决于技术本身,还取决于现有的制度和政策②。教育供给通过两种机制影响个体收入:一是通过调节学历水平对收入的促进作用,间接增加个体收入;二是作为独立的因素直接增加个体收入。基于影响机制对农村义务教育供给的收入再分配效应的研究表明,农村义务教育供给水平仍然未实现均等化③。

3.2.3　关于"涓滴效应"精神生活共同富裕相关理论

第二次世界大战以后,世界对于共同富裕的研究方向产生了较大变化,由对西方先进国家的共同富裕逐渐转至对发展中国家共同富裕的研究。许多学者特别是发展经济学的学者提出了为发展中国家的共同富裕提供各种策略。但是,总的来说,战后很长一段时间里在发展中国家起主导作用的理论主要是"涓滴效应"理论。

传统涓滴理论作为西方主流发展经济学的重要组成部分,源自西方社会报酬结构演进中对利益冲突的行为选择与思潮迭代。传统涓滴理论的逻辑根本缺陷在于遮蔽了社会制度的内在蕴涵和社会结构的本质特征。传统涓滴理论将经济增长、收入分配和贫困三者关系置于社会生产关系的视域下考察:生产关系性质决定分配关系性质继而决定涓滴发展的实质,所有制是涓滴效应实现的核心机制。涓滴效应在不同经济体中阻滞或畅通实质上受所有制关系规定的"发展为了谁"的增长逻辑支配④。

赫希曼是世界著名的发展经济学家,他对一个国家内各区域之间的经济关系进行了深入的研究,提出了极化—涓滴效应学说,解释经济发达区域与欠发达

---

① 陈周旺.福利治理为什么重要:超越福利国家模式[J].行政论坛,2021,28(04):26-33.
② 王艳萍,李国庆,李涵.人工智能的福利经济学分析[J].当代经济,2022,39(08):10-16.
③ 赵为民.义务教育均等化供给与居民收入再分配——基于农村微观数据的实证研究[J].财经理论与实践,2023,44(02):71-80.
④ 盖凯程,周永昇.所有制、涓滴效应与共享发展:一个政治经济学分析[J].政治经济学评论,2020,11(06):95-115.

区域之间的经济相互作用及影响。赫希曼认为,如果一个国家的经济增长率先在某个区域发生,那么它就会对其他区域产生作用。为了解释方便,他把经济相对发达区域称为"北方",欠发达区域称为"南方"。北方的增长对南方将产生不利和有利的作用,分别称之为极化效应和涓滴效应。发展经济学家的理论研究通过对早期发达国家的增长问题与当时发展中国家的落后状况研究得出两个结论。

其一是关于经济增长与收入分配的关系。库兹涅茨提出了所谓的倒 U 字假说,即随着经济发展而来的"创造"与"破坏"改变着社会、经济结构,并影响着收入分配。库兹涅茨利用各国的资料进行比较研究,运用库兹涅茨曲线表明:在经济发展过程开始的时候,尤其是在国民人均收入从最低上升到中等水平时,收入分配状况先趋于恶化,继而随着经济发展逐步改善,最后达到比较公平的收入分配状况,呈颠倒过来的 U 的形状。Y 轴表示的是基尼系数或分配状况,X 轴是时间或收入状况。

库兹涅茨假说提出后,一些西方学者曾就有关倒 U 字形形成的过程、导致倒 U 字形的原因以及平等化过程进行过较多的讨论。但经济发展的资料表明,库兹涅茨曲线并不符合发展中国家的实际情况。换言之,随着经济发展的进程,发展中国家的收入不平等越来越悬殊,并没有向平等方向转变。库兹涅茨是在统计信息不充分的条件下提出假设的,不仅分析了使收入差距扩大的因素,也提出并分析了使收入差距缩小的多种因素,其中政府干预起着关键作用。同时,库兹涅茨对经济落后国家简单类比发达国家的做法提出了严肃警告①。

其二是学者们对二战后经济增长与减贫的关系进行了研究,提出了有名的"涓滴效应"的共同富裕理论。二战后,世界上绝大多数国家发展较为落后的人民群众的平均收入较低并且收入分配极不平等。发展经济学的研究就慢慢从区域经济领域逐步扩大到了发展较为落后地区。发展经济学家的研究结论显示,社会贫困与经济增长水平之间的关系密切相关,经济增长水平越高,就越有助于解决发展不平衡不充分问题。当时多数发展中国家希望发展经济,但这些国家刚刚摆脱殖民统治还很贫穷,面对着西方发达资本主义国家的繁荣发展,穷国强烈希望发展经济和摆脱贫困。一拍即合,一些发达国家为了医治二战的经济创伤,为发展中国家的发展提供了资源和消费市场。针对发展中国家经济发展和发展不平衡不充分问题的解决相关问题上,世界银行、国际货币基金组织等机构一直在推动世界的经济发展。"涓滴效应"就是为了解决发展中国家发展不平衡不充分问题。

---

① 　张衔,王洪东.库兹涅茨倒 U 曲线再讨论[J].经济纵横,2023(03):26-34.

具体而言，"涓滴效应"理论具有三个主要含义：第一，经济增长优先战略。在一个国家的发展进程中，尤其针对发展中国家而言，经济增长是其最重要的因素，只有经济增长才能有效地改变欠发达国家和地区的境况。第二，增长与公平难以相容。国家或地区在一定时期内增长与存量是无法相容的。如果优先发展经济，就必须首先接受收入分配的两极分化。例如，纲纳·缪达尔认为极端贫穷国家不会考虑社会平等并为平等改革付出代价。如果这些国家或地区要发展经济，就要牺牲社会平等。第三，减缓和消除贫困。只要经济发展和达到足够的经济繁荣，就不要政策干预，经济增长的益处会自动通过市场机制进入穷人的手中，从而切实地解决了发展不平衡不充分问题。当一个国家刚刚起步，国家为了促进经济的快速发展，会支持两极分化，这样慢慢地就会导致不同地区差异化发展，两极分化严重。但是从长远时间来看，很多国家对其他地区的投资或者提供的就业机会，即所谓的"涓滴效应"会随着时间的推移逐渐缩小这种经济发展的分化程度。

依据"涓滴效应"，在发展中国家经济增长的过程中，只能间接改善穷人的一部分收入或一部分穷人的收入。但是随着发展中国家经济的持续增长，"涓滴效应"的成效不断显现，自动改善收入分配，不断减少着贫困的发生，最终实现改善和克服发展中国家发展过程中长期存在的发展不均问题。

发展经济可以自动减轻和消除贫困是"涓滴效应"理论的主要思想。从实质上讲，它反映了通过市场机制促进经济增长与政府调节收入再分配之间的关系。经济增长是解决贫困的主要驱动力，因为贫困的主要原因就是收入缺乏。如果没有经济增长，就难以聚集减少贫困的基础力量。但是，必须清楚地认识到，经济增长与贫困的减少二者之间的关系不是自然的生成，而且贫困的减少也并非通过经济增长这一单一因素所导致。经济增长对减少贫困的影响主要取决于发展较为落后的人民群众从经济增长中获得的收入多少。如果经济增长优先增加最贫困群体的经济收入，那么贫困群体的收入增长率会快于平均收入增长率，而减贫效果也将更明显。如果经济增长并没有联动贫困群体的经济收入，那么贫困群体的收入增长率就落后于平均收入增长率，贫困群体的收入水平将变得更加微薄。所以，解决贫困必须伴随进行社会收入的再分配。如果政府不直接干预收入分配，仅是默许市场经济的"涓滴效应"在发挥作用，这将会产生更多的相对贫困群体。相反，发展过程就会对中产阶级和富裕阶层的扩充产生积极效应。

美国发展经济学家托达罗在调查了除中国以外其他发展中国家的收入分配以及发展趋势后得出结论，不能证明经济增长利益在不加任何干涉的情况下会自动向赤贫人口扩散。不发达国家利益的增长过程中，一般都会导致经济增长效益的缓慢提升，使少数中产阶级特别是非常富有的中产阶级受益。原因是经济增长的不平等既有收入分配方面的不平等,也有社会机会方面的不平等,这些不平等会抵消发展较为落后的人民群众的经济增长收入。

自 20 世纪 90 年代"经济全球化"被认可以来,发达国家和发展中国家之间的差距被逐渐拉大,其中原因很简单,就是因为没有建立起一个公正、合理、有序的国际新秩序。在国际社会中占据有利地位的发达国家,在制定国际新秩序时,也同样占据有利地位。事实证明,经济增长和减少或消除贫困不一定是正相关的,有时反而会加剧贫困以及导致两极分化。例如,1955 年至 1970 年,墨西哥平均经济增长率达 6.5%。从 1950 年的人均 GDP181 美元到 1970 年的 661 美元可以看出经济有显著的增加。可是,在经济增长的数字背后,墨西哥贫困率并没有符合理想当中的减少趋势,反而呈上升趋势了。1970 年,墨西哥的低于最低生活收入水平人数达 64%,这就是说三分之二的墨西哥人口未摆脱贫困,还有三分之一以上的人群生活在贫民窟。许多学者鲜明指出:在 1960 年,人们以为经济增长是减少贫困的最重要因素,实质上经济增长确实解决了一些社会问题,包括消费和就业,但是从长远发展来看,经济增长导致环境的恶化,影响贫困群体健康状况和劳动能力,不仅没带来长期的经济增长,反而出现负效应阻碍经济增长,进而出现经济增长和贫困加剧并存局面。这类"墨西哥病"近年来有所增加,只是当时还没有产生较为泛滥的影响。"涓滴效应"的精神生活共同富裕理论阐明,当发展较为落后的人民群众无法共享经济增长时,它不仅无法减少贫困,还意味着增加贫困积累,进而加重了贫富之间的两极分化。实践证明,光靠经济增长还不足以缓解贫困,只有通过协调社会政策和体制安排以促进"扶贫与增长",才能实现消除贫困的目标。

3.2.4　关于"赋权"的精神生活共同富裕相关理论

社会不平等是穷人没有从经济增长中受益的主要原因,既存在于收入分配方面,还存在于社会权利、能力和机会方面。一般情况下,发展中国家不平等程度较低,减少贫困的有效性较大。所以,发展较为落后的人民群众对经济发展的敏感性取决于就业机会的获取与经济增长的分享。在这种情况下,赋权理论开始被精神生活共同富裕研究者所接受,并且随着贫困研究的深入,它被越来越多的研究者和国际组织所认可。

赋权理论来源于"Empowerment Theory"的英译,有些翻译成增权和培力,是指"赋予权力,使之有能力"。在赋权理论引导下的实践模型具有明显的可行性和组成性,研究的主题逐渐扩展到与否决公民身份一样多的个人或群体。在这种时代背景下,赋权理论开始逐渐扩展到精神生活共同富裕研究领域。赋权的实质不是发展特定的经济、政治、社会和文化权利,而是赋予穷人与其他个人和群体同样的权利,是参与并享受成果。

公认的预防贫困理论的假设是,穷人的贫困是由于缺乏权力,权力薄弱或不平等所致。它涉及重新分配权利和资源,而不是经济发展。但是,为了防止贫困,需要先制作一个大蛋糕,然后再制作一个分配蛋糕。因此,只有那些被赋权的穷人可以有能力通过其行动,并且用这些行动来减轻部分社会经济或者政治状况时,他们才可以赋权。换句话说,赋权的切实执行是穷人参与发展以及摆脱贫困的重要途径。赋权只有在贫困家庭以及家庭和社区能够平等参与到社会和政治活动的情况下,当贫困人口表达对自己的利益或未来的关注时,他们才能通过合法合理的渠道进行行动。

阿玛蒂亚·森的研究提出了贫困的本质是权利的贫困。阿玛蒂亚·森认为,饥荒并不是因为粮食短缺而爆发,问题更多是由分配不均引起的。他的研究表明:只有建立起平等、富有政治责任感的社会氛围,饥荒才能得到避免;同时要消灭非物质性匮乏,因为贫困与不自由、居无定所与安全感的确总是同时出现。他认为,国家只应该在建设一个能让人民充分实现个人目标的社会环境之时施展其影响力。对于饥荒,阿玛蒂亚·森给出这样的结论:在现代历史上,民主国家从未发生过大饥荒,而发生大饥荒的地方,没有一次是因为粮食不足。因此,赋权理论认为,缺乏正确的权利是造成贫困的根本原因。

面对社会上穷人的权利的贫困,阿玛蒂亚·森认为,鉴于"权利的关系由法律,经济和政治等社会特征所决定"这一事实应当保护穷人的权利,通过相应的体制安排,使穷人享有基本的政治权益,包括公民自由、基本生活及教育、医疗、保健、培训等其他发展权利。赋权的内涵具体表现在四个方面:知情权、参与权、问责权和地方组织的能力。因此,赋予权力不仅是一个概念,也是一种战略。基于权利贫困理论,世界银行以三种方式,为消除贫困战略提出了一个整体战略框架:创造机会、促进赋权和加强安全。世界银行将赋予权力视为三项减贫战略之一。

发展不平衡不充分的问题要想从根本上解决,需要从可行能力贫困的角度去深入剖析。如果仅仅从改善收入贫困方面着手的话,并不能在根本上解决发展不平衡不充分问题。阿玛蒂亚·森认为,教育可以提高受教育者的"可行能力"从而达到教育促进精神生活共同富裕的目的。政府的"扶助"以及"援助"只是在经济上解决短期的贫困,并不能对长期的效果产生影响,这种只停留在短期效果的摆脱贫困并非真正摆脱贫困。如果想要达到长久的效果,那么就需要提高发展较为落后的人民群众自身改善贫困状态的能力,这就需要发展教育事业,提高发展较为落后的人民群众个体和他们的可行能力,使他们的个人素质和个人能力有所提升。"很多人对中国上学难的问题都有自己的批评和见解,但中国的发展离不开教育。中国发展的水平是其他国家没有办法复制的"①。

3.2.5　关于人力资本的教育促进精神生活共同富裕相关理论

人力资本理论最早起源于经济学研究。20 世纪 60 年代,美国经济学家西奥多·舒尔茨和加里·S.贝克尔创立人力资本理论,开辟了关于人类生产能力的崭新思路。西奥多·舒尔茨指出人力资本在经济上发挥重要作用,这一看法对战败国日本以及德国战后的发展做出了解释。德国和日本战后之所以出现经济复兴的奇迹,最重要的就是人力资本发挥了极大的作用。再加上这两国悠久的文化传统和重视教育的现代国策,为经济发展提供了大量高素质劳动力,这使两国的经济发展得以建立在高技术水平和高效益基础上。

人力资本理论认为物质资本指物质产品上的资本,包括厂房、机器、设备、原材料、土地、货币和其他有价证券等;而人力资本则是体现在人身上的资本,即对生产者进行教育、职业培训等支出及其在接受教育时的机会成本等的总和,表现为蕴含于人身上的各种生产知识、劳动与管理技能以及健康素质的存量总和。面对资本积累过程中的危机,当代资本主义社会将劳动力再生产领域收编为资本积累的领域,"人力资本"理论的兴起是其在意识形态上的反映,劳动在此视域下不仅是商品,而且是"资本②。根据企业发展战略的要求,通过有计划地对人力资源的优化配置,激发员工的积极性和创造性,提高生产率和经济效益,推动企业发展,是人力资本管理的主要任务。

西奥多·舒尔茨认为,资本对于人的投资而促使人的知识以及技能得到提升,这种提升又可以反过来被资本家所利用,从而促使社会的进步、资本家收益提高以及个人自身生活的提升。在西奥多·舒尔茨看来,如果将人的教育作为一种投资,把教育成果作为资本,那么教育是一种长期的投资,在长远的利益上是会有重大收获的。对于受过教育的人来说,他们比那些相对未受教育的人更能够创造价值。由于西奥多·舒尔茨本人的局限性,仅把获得利益的人看作那些曾受过教育的人。所以,尽管西奥多·舒尔茨一直致力于区分人力资本与物质资本。西奥多·舒尔茨认为,人力资本可以达到递增效果,这可能就是人力资本和其他物质资本之间的差别。但究其本质而言,资本主义的人力资本是将人"物化"。

当代人力资本理论的主要贡献有三点。首先,它确立了人力资本是经济发

---

① 阿玛蒂亚·森.中等收入陷阱无法解释中国经济[EB/OL].https://www.thepaper.cn/newsDetail_forward_1435842.

② 黄玮杰.劳动力再生产领域的资本化及其效应——基于对西方"人力资本"理论的批判[J].南京社会科学,2023(12):17-24.

展的内生因素。其次,它提出了人力资本的提高具有较强的外部性。受教育程度不仅会影响个体的收入水平和生活水平,还会影响群体的经济状况和整个社会的经济发展水平。最后,人力资本理论开始针对区域划分进行研究,以推断人力资本对不同地区的影响程度。人力资本理论源于人类对经济增长的强烈追求。它不但丰富了经济增长理论,还辐射到了教育领域,在教育经济与教育管理中得到了广泛应用①。教育促进精神生活共同富裕的工作借鉴人力资本理论,能够对人力资本的意义进行重新理解,包括如何实现人口红利向人才红利的转变。这是推动质量变革、效率变革、动力变革,构建新发展格局,转变发展方式,为精神生活共同富裕提供物质基础的关键切入点。

3.3　中国古代教育促进精神生活共同富裕思想继承

纵观中华民族 5000 多年文明历史,精神生活共同富裕始终是广大民众的根本利益诉求,但由于受到生产力水平的限制和阶级矛盾的制约,在旧中国无法确立人民大众的主体地位,精神生活共同富裕的理想一直没有也不可能实现。在我国古代,精神生活共同富裕作为治国理政思想理念的重要元素,不仅是经济上的满足,还包括思想文化上的充实。通过教育促进精神生活共同富裕,是对中华民族源远流长的优秀文化传统的继承和发展,是对中华民族优秀思想理念的时代升华和科学表达。

在中国封建社会中,科举考试中的秀才考试是中国封建读书人的最低标准。只有被录取,才能参加举人和进士的考试。普通读书人一旦考取秀才,才是具有官方性质的普通人才。中国封建的读书人,一旦考上了秀才,就意味着可以参加举人考试和进士考试了,随之通过科举获得功名与地位、权力、金钱、财富、爱情。但对于一名家境贫困的学子来说,从秀才到乡试、会试到殿试,一路考下来,途中的衣食、车马和住宿更是一笔不小的开支。很多家境贫寒的士子不得不变卖家产或者借贷来应付,常有举子因盘缠短缺而放弃考试,可见这花费之多。嘉定年间,广东连州,有新获解而不能行者,亦有已获免解资格而不能行者,新任知州吴纯臣了解实情后,喟然叹曰:士幸举于乡,其不能致者非贫则远,奈何其贫且远也!

对于帮助读书人参加科举考试而言,不仅朝廷十分重视,地方宗族同样也非常关心。为了鼓励同一个村庄的贫困学子通过科举考试,宗族的义庄和地方各级都采取了各种措施和制度,例如建立了科举考试支持机构等,从某种意义上

① 李永春,刘天子.人力资本理论的发展及其公共教育政策的呈现[J].教育与经济,2022,38(03):73-80.

说,这些措施对人才发展有积极的影响。宋代著名的范氏家族,其设立的义庄,按初得解、免解、补入太学多种类型,各有支取标准,对家族成员赴举予以资助。

3.3.1　隋唐时期对寒门学子的救助形式

科举制从隋代创立之后,到唐代进入迅速发展时期,考试的内容日渐丰富,考试的条规趋于繁密,是选拔人才最主要的途径,科举在社会上真正占有了重要地位。在唐代,中央和地方政府为困难学生提供各种补贴。玄宗时期,中央政府不仅向落第者进行资金补助,而且还向他们提供了食物来鼓励,使他们享有"公车"的特殊待遇。即使是那些已经被提名但由于生病而无法参加科举考试的学生,朝廷也提供了医疗援助并予以照顾。

科举取士有很大的灵活性。科举制度随时依据皇帝下制诏设科选才。政权统治的需要有多方面,制科的科目也是五花八门,无所不包。据统计,唐代制科的名目不下数百种,常见的制科有明书、明法、明算、三史,开元礼……这些各式各样的科目,使得科举考试在一定的规定之下,有着很大的自由,便于搜罗人才。这在一定程度上给了众多有"独门秘籍"的寒门学子和民间奇人有了用武之地,帮助他们结合自身的特点摆脱贫困的境地。

3.3.2　宋代各级对寒门学子的资助

从宋代起,儒家理论对科举产生了很大影响,统治者要求读书人必须诵读儒家经典,学习封建礼教,以满足封建统治的需要。到了宋宁宗以后,儒家理论就发展成为科举取士的最高标准。宋朝对考生有一系列的具体要求。"有笃废疾者不得贡",不许"有大逆人缌麻以上亲,及诸不孝、不悌、隐匿工商异类、僧道归俗之徒"。

宋前期贡举没有固定的时间。起初急需人才年年举行,以后仕途日塞,人数日多,条令日密,程序日繁,每进行一次科考的组织准备工作压力甚大,以致仓促。在宋时期,偏远乡村的学子要想参加科举考试往往需要去大城市参加,并且需要跋山涉水、远离家乡。对于寒门学子来说,在途中的食宿费用以及路程费用就是一笔很大的开支。针对这种情况的出现,开宝二年十月,宋太祖让读书人可以凭一定的证明免费使用驿站的马匹,到了宋徽宗时期,又有了新的政策:如果一个遥远的举子赴京参加考试,那么将举办宴会来招待。如果距离较远,则可以解决一些费用。"远方寒士预乡荐,欲试礼部,假丐不可得,则宁可寄举不试,良为可念。谨按开宝二年十月丁亥,诏西川、山南、荆湖等道,所荐举人并给来往公券,令枢密院定例施行。盖自初起程以至还乡费皆给予公家。"

宋代主要从地方政府那里获得了大量援助。为了鼓励当地学生参加考试,全国各县建立了专门的援助机构,为学生提供基本的生活需要和旅途费用。地方政府先后建立了"贡士庄"。贡士庄是宋代为资助科举士子而设立的一种带有基金会性质的助学组织,利用田间租金来资助当地学生以提供财政支持,并分配大量公共土地用于租金,用来支付参加考试的学生的旅行费用的利息。

3.3.3　明代建立学田资助寒门学子

学田起源于北宋乾兴元年,并在此后迅速发展。到了元代后期,南方地区很多学校的学田规模已经达到几千亩,甚至上万亩。这么大的规模实际是与当时的生员数量相配合的。但到明初,朱元璋大大缩减生员的数量,规定府学生员 40人,州学 30 人,县学 20 人,相对应地,学田也进行了改革。对此最权威的记载是《明太祖实录》中的"洪武十五年(1382),……命凡府州县学田租入官者,悉归于学,俾供祭祀及师生俸廪。……乃诏定为三等:府学一千石,州学八百石,县学六百石,应天府学一千六百石。各设吏一人,以司出纳。师生月给廪膳米一石"。学田经费通常来自政府的拨款、官员的捐赠以及对一些脏产的没收。但不好的就是这些经费往往不能得到真正的落实,会被一些贪官污吏,劣绅、奸佃等剥夺。明代还创办了义学、宾兴等机构,用来资助贫困学子求学,这主要来自民间的捐赠。义学主要是一些地方官民所办,为了使寒门学子求学有路。在海南的各个州县设立宾兴,在其置有田产,叫做"宾兴田"。这些机构的兴办大大为寒门学子求学提供了机会,也使得明代时期,海南的科举人数比以往大大提升。

3.3.4　清朝政府对寒门学子资助旅费

到了清代,士子从事举业需要的支出一般包括送与学师的束脩,岁科小试的卷资、印金,参加乡会试、贡生朝考的盘费等,名目繁多。士子参加乡试会试花费更是一笔很大的数字,对于寒门学子而言,参加考试就耗资巨大。

清政府对士子赴考给予一定的资助,该项支出属于财政岁出部分的"科场之款",这些经费包括"主考路费银、科场供应银,新举人花红筵燕银、会试盘费银、旗扁银、进士坊价银、帽顶银"。"会试盘费银"就是清政府资助会试士子的旅费。对于会试的旅费补助,清初即做了规定。顺治二年"举人公车由布政使司给予盘费,各按其省份至京之道里远近以为差"。其中规定:"安徽二十两,江西、湖北皆十七两,福建十五两……直隶、四川皆四两,山东一两,广东二十两,惟琼州府增十两,每名三十两,于领咨日给发。"政府对云贵两省偏远地区士子的资助除了给盘费外,还赏给驿马,允许驰驿。会试举人凭兵部火牌到驿站领马,一路驰驿赴京考试,不需支付马食,回程照领。中进士回籍者亦准许驰驿。后来,清政府对新疆士子也给予照顾,允准驰驿。

　　清代地方的书院和县学、府学采取不同形式资助寒门学子,宗族组织往往也设立专门基金资助本族寒门学子。尤其是嘉庆、道光年间,普遍兴起专门资助士子考试的宾兴会,资助范围包括岁科小试、诸贡朝考、乡会试等。除此之外,很多村庄本着激励和支持本村、本族子弟读书的目的,也通过捐款、捐田的方式,设立"宾兴田""宾兴坡""宾兴山"等,将它们出租,租金用于资助寒门学子。

第 4 章
数智教育赋能精神生活共同富裕的作用机理

4.1 教育回报在数智教育赋能精神生活共同富裕的作用

数智教育赋能精神生活共同富裕的价值实现，要以教育回报的实现作为前提。教育回报维度十分丰富又具个体差异。基于"教育投资"——"教育回报"——"教育发展"的精神生活共同富裕运行机理，建构教育回报的作用模型，分解通过教育回报模式为经济发展较为落后地区的人民群众进行精神生活共同富裕创建的具体维度，明确教育回报在教育促进精神生活共同富裕中的作用，本章将围绕以上几个方面展开。首先从教育回报视角阐述。

不管是从经济发展或者是社会公正方面来看，教育发展与改革都应该重点解决发展较为落后地区的受教育问题。但是，在现有的社会结构和政治体制下，当我们提到教育可以起到精神生活共同富裕作用时，所涉及的方面又太过于笼统和模糊。所以，学界将其具体化，不再去深究教育促进精神生活共同富裕的价值，转向对教育结果、回报和成就在精神生活共同富裕过程中的作用。

4.1.1 教育回报与教育促进精神生活共同富裕的关系

数智技术的发展便利了教育回报与教育促进精神生活共同富裕之间的沟通与联系，政府可以将教育回报与教育促进精神生活共同富裕的各种联系以数据的形式进行客观记录。通过对大量数据的搜集与整理，准确定位教育促进精神生活共同富裕的需求，从而提高教育促进精神生活共同富裕的有效性。

"以教育促进精神生活共同富裕"的根本目的是实现发展较为落后的人民群众走上富裕繁荣的康庄大道的伟大目标。该目标的实现，要求发展较为落后的人民群众所受教育产生客观、实在的回报。不同层次的教育回报，可以在不同程度上帮助发展较为落后的人民群众实现目标。教育回报与教育促进精神生活共同富裕的关系主要有三种体现。

一是从语义上看，教育促进精神生活共同富裕就是指贫困的外部主体通过教育资源的投入来帮助那些发展较为落后的人民群众,帮助他们脱离贫困,这种行为是外在的国家行为。发展较为落后的人民群众通过教育来达到脱贫目的,是主动摆脱贫困,不依赖于他人,是发展较为落后的人民群众的个体行为。目前的一些关于精准扶贫工作的实践经验也证明了,单纯地依靠外部主体的"输血"是不能够真正解决精神生活共同富裕问题的。必须要让发展较为落后的人民群众自身树立坚定的信念,相信教育的有力的独特的有益作用,敢于善于将自己自觉地投身和融入教育发展的模式中,真正践行"以教育走向精神生活共同富裕"。这种观念的树立就需要看教育回报是怎样的,好的教育回报自然起到良好的推动作用。

二是从介质上看,在教育促进精神生活共同富裕上,其内外交互表现可以从两个方面探讨。一方面是从外而内来看,可以看出教育是否作用于或者回报于发展较为落后的人民群众,另一方面从内而外的看,就是指发展较为落后的人民群众自身在生存与发展过程中所出现诉求是否被满足。可以看出,教育促进精神生活共同富裕是偏向于从外向内的教育资源的输入,教育回报的产生以及个人在发展中其诉求的被满足,两者是相辅相成,彼此促进的。所以说,教育回报是联系教育促进精神生活共同富裕过程的介质。

三是从机制上看,发展较为落后的人民群众面临的主要困境是资源、能力、权利的缺失,缺失越多,需求越大。无论是摆脱贫困,还是获得发展,发展较为落后的人民群众均需以获取资源、满足需求为前提。通常情况下,从接受教育到获得发展的过程,也就是从获得资源到需求被满足的过程、从资源输入到动力输出的过程,以及教育促进精神生活共同富裕的发生过程,上述过程共同呈现出教育回报的价值实现过程。

总之,教育回报是教育促进精神生活共同富裕的实践中不能忽视的重要因素,其价值就在于通过以经济性回报和非经济性回报相结合的载体进行"动力输出"。数智技术的运用有利于验证教育回报与精神生活共同富裕的相关关系。

数智技术运用于提升教育回报精准化,无论是激励共同富裕的内在需求,还是通过对具体过程中收集、分析、促成发展较为落后的人民群众需求的被动表达,都可以帮助我们在精神生活共同富裕实践中对现实境况的精准把握,为提升教育回报精准化提供技术保证。

4.1.2　教育回报与教育促进精神生活共同富裕的维度分解

任何一项教育投资决策,都需要理清教育回报的类型、数量和匹配程度。如果说教育回报契合于发展较为落后的人民群众的生存需要和诉求时,他们就会对相关工作持有高度赞同赞扬的态度,更积极参与其中。当教育可以产生出满足他们日常需求以及诉求时,那么这就是教育价值的体现之处。比如说,通过教育中人民群众习得的知识和技能可以帮助他们获取生存的基本技能,从而身体健康、丰衣足食,也可以获得稳定的职业特别是光明的职业前景。只有如此,发展较为落后的人民群众才可以真正摆脱贫困,从而达到共同富裕的目的。除此之外,教育还有种隐蔽的回报方式,例如在教育回报过程中需要发展较为落后的人民群众建立起人际关系等。数智技术的出现就使得教育促进精神生活共同富裕进一步升级,可以对其教育回报产生的效果做出更精准的分析和评估。

马斯洛的需求理论包含 5 个层次,分别对应一定需求,该理论为我国教育促进精神生活共同富裕的实践提供了理论支持——教育回报是为了摆脱贫困,而教育促进精神生活共同富裕是建立在人民群众合理需求的基础之上。马斯洛虽然提出了"自我实现"的概念,但也对这一概念表示纠结以及多次混用。马斯洛通过大量调查提出了人的需要层次论,着重阐述了五个层次的递升关系。由于缺少哲学思辨和逻辑演绎,有待于在更为广阔的文化背景上予以论证。结合中西方相关的文化成果,可以说,为人生提供主要动力的是生理需要和自我实现需要;前者近于动物性,后者近于神性,人格的成长和完善主要源于后者的制导。生理与安全一般为感性需要,归属与尊重需要使人向社会生成,自我实现需要则体现通天下之志,指向自由而完满的生存境界①。自我实现这一高级需要,很少有人可以做到。该观点在精神生活共同富裕实践中也能得到验证。实践者所关注的精神生活共同富裕维度与发展较为落后的人民群众的生存状态密切相关。在早期阶段,贫困可以说是饥饿的代名词,阿玛蒂亚·森甚至写过一本《贫困与饥荒》来揭示二者的关系。贫困人口物质需求、安全需求、社交需求、公平需求、能力需求在一定程度上得到满足后均能对其扶贫政策获得感的提升产生正向促进作用,且位于需求层次高低两端的物质需求与能力需求的正向促进作用最强;各维度正向促进作用在不同脱贫状态群体中差异性较大,能力需求对于已脱贫群体获得感提升的影响更为显著②。

4.1.3 教育回报在精神生活共同富裕的作用模型

教育在每个维度上都有更细致的回报策略。将教育赋能中产生的回报过程进一步细化分解,使其可以更加微观化、具体化地予以表现。数智技术为评价教育回报效果提供了技术支撑,让分析能力得到极大提升,可以及时发现过程中暴露出的问题,适当调整相关政策的实施和落地。在数智时代产生之前,于 20 世

---

① 胡家祥.马斯洛需要层次论的多维解读[J].哲学研究,2015(08):104 - 108.
② 钱力,倪修凤.贫困人口扶贫政策获得感评价与提升路径研究——以马斯洛需求层次理论为视角[J].人文地理,2020,35(06):106 - 114.

纪前半叶关于教育回报有两项研究。

一是温希普的研究。温希普研究认为：首先，教育的具体收益和抽象收益。教育不是简单上学，与性格、个性、勤劳、集体主义精神养成密切相关，还可以消除愚昧、贫穷、疾病、犯罪，实现自尊、社会价值、个人梦想。其次，教育促进个人的规则意识。义务教育每年都要在学校上学 10 个月左右，为发展较为落后的人民群众确立个人的规则意识和优良品质。最后，教育传承上一代的思想和性格。精神文化具有知识和道德力量，能让发展较为落后的人民群众接受革命文化、优秀文化和爱国主义文化，代代相传。温希普虽然还没有形成相关理论体系，但他的研究教育回报和个人发展之间的关系，突出了教育的非经济回报形式。高等教育投资收益归属背后隐藏着一个非正式契约安排，受教育者以其应分配的社会收益与公共主体应分配的直接经济收益交换，直接经济收益最终全部由私人独占，私人投资收益通过交换得以放大。这一交换机制由高等教育收益的特殊性决定，并通过信号传递机制、博弈机制、激励与惩罚机制进行事后修正。公平的教育培养成本分担体系、提高高等教育质量、推动高等教育有序竞争以及依据办学水平收费对高等教育私人收益率的稳定和均衡至关重要，是非正式契约安排长期存续和高等教育可持续发展的重要基础[①]。

二是缪尔达尔的研究。他提出因果循环理论，强调了"回波"和"扩散"的概念。"回波"是指在经济发展地方，从周边地方吸引人口、资金和资源，促进自身经济发展，减缓周边地方的经济发展。"扩散"是指在经济中心周边地方，通过改善周边基础设施等，从经济中心获得人才、资金等，发展乃至赶超经济中心。这个理论认为社会、经济、技术、政治、文化等要素的变化是推动社会经济动态发展的原因。国家或区域的一个因素变化，会引起另一个的因素变化，后者这个要素的改变，会进一步增强前者的一个要素，根据国家或区域各个因素发生的变化，自然相互累积造成循环发展的态势。和凡勃伦的"盲目漂移"一样，缪尔达尔同样认为，在复杂的循环累积因果作用下，系统的演化方向和结果具有不确定性和不可预测性[②]。

学术界经常使用该理论来为经济发展的研究提供相关支撑。同时，在共有的层次和阶段上，经济体以及个体的发展都表明了该理论也适合个体的发展。个体发展上的"回波效应"和"扩散效应"的表现形式，是一位从他自己生活和工作的地方，收集各种信息资源和机会，加快自身的发展，周围的其他人都相对薄

[①]　李红松.非正式契约视角下高等教育投资收益的归属逻辑探究[J].黑龙江高教研究，2024，42(02)：76-83.

[②]　杨虎涛，徐慧敏.演化经济学的循环累积因果理论——凡勃伦、缪尔达尔和卡尔多[J].福建论坛（人文社会科学版），2014(04)：28-32.

弱的地位,提高个人发展进而实现"回波效应",当一个群体中有一个人得到发展时,群体中的个人就会受到影响,进而实现比赛和赶超,形成个人发展的"扩散效应"。因果循环的理论揭示了"回声效应"和"扩散效应",个人积累的信息、资源和资本而得到发展,就是精神生活共同富裕教育的内涵。从个人来说,向上发展或者往下沉没,都是利息、资源和资本的累积和残缺,这是在很大程度上体现了教育回报,也体现个人得到上一代所受到教育的累进。

数智时代要实现教育回报精准化,首先要对教育促进精神生活共同富裕的数据不断丰富,更要对教育促进精神生活共同富裕的数据进行深度挖掘,建立起教育回报与教育促进精神生活共同富裕的模型,不仅针对教育促进精神生活共同富裕的需求进行不同的分类分层,还区分不同需求背后的原因。通过教育回报与模型分析,能够对教育促进精神生活共同富裕需求把握更加精准,并且能提供更加契合的教育资源。

4.2　教育促进精神生活共同富裕的阶段阐释

共同富裕是中国式现代化的重要特征,要分阶段促进共同富裕,实现全体人民群众都富裕,扎实推动共同富裕进入新发展阶段[①]。发展阶段性特征,是发展规律、客观趋势、主体作用等共同形成的社会历史现象,需要深入分析、科学认识、全面把握,才能作出准确判断、得出正确结论。擘画发展宏伟蓝图,必须正确认识当下的历史方位;推动教育促进精神生活共同富裕,必须正确认识所处的发展阶段。

教育促进精神生活共同富裕是在一个连续性与阶段性相统一的过程中持续向前推进的,由于所处的环境条件、所面临的矛盾问题、所确立的目标任务等的变化,因而这一伟大事业始终充满生机活力、不断创新发展。其一,通过数智技术收集、分析,比较教育回报实际情况与数据库中预期目标的差异,不断提高数智教育赋能的能力和水平。其二,数智教育回报结果要进行公示,接受社会公众的监督,保证考核结果能为数智教育赋能精神生活共同富裕的教育回报精准化提供重要依据。其三,科学分析教育促进精神生活共同富裕的动态发展过程,就会对我国进入新发展阶段的理论依据有更深刻的领悟。

在数智时代背景下对教育促进精神生活共同富裕的内在机理进行分析,比较教育回报与教育目标之间的关系,总结实践经验,完善指导理论,加强能力考评和监督。

①　连飞,王玄,李顺天.新发展阶段共同富裕的发展水平及进程监测研究[J].经济界,2024(02):3-11.

4.2.1　初期阶段的逻辑阐释

一般来说,发展较为落后的群体在精准扶贫顺利完成的基础上,已经能够拥有丰衣足食的重要保障,这一基本要素成为今后发展可行性和稳定性的基石。但值得注意的是,可能存在着随之而来的"饱暖思淫欲"的人性堕落懒怠思想卷土重来的回潮,导致好不容易脱贫和致富奔小康的发展较为落后的地区和群体"未富先躺"。后扶贫时代,必须牢牢抓住乡村社会发展中的短板,持续推进物质帮扶基础上的精神扶贫[①]。因此,通过教育促进精神生活共同富裕事业的初期阶段就务必要对解决温饱而暂时无发展需求的群体创立更高层次的人生需求,使他们获取更高更多更丰富的物质生活和精神生活的条件,将美好生活的向往步履不停地向前推进。精神扶贫作为资助育人体系中的关键一环,日益成为满足个体发展需求、落实教育公平的重要抓手。然而,由于社会合力缺欠、制度体系缺位、精神扶贫理念缺失以及内生动力缺乏,贫困生的精神贫困问题日益突出,存在价值取向错误、思想道德素质不高、思维方式落后、行为模式逾矩、心理问题多发等问题。为有效破解贫困生精神扶贫的内外困境,必须打好"组合拳"[②]。

彼得·德鲁克认为可以区分为三种工作角色:体力工作者、知识工作者和管理者。体力工作就是用体力和汗水,做搬运、操作、清洁等操作性的工作,或者是机械重复的工作;一个人做体力工作的时候,就像体力工作者。每项工作都包括体力工作和知识工作,只是比例不一样。每个人都既是体力工作者也是知识工作者。知识工作的比例越高,工作常常更有价值,尤其是对未来更有价值。对于极度贫困中的最穷者而言,他们可能没受过教育或者有些人只接受了一两年或者仅仅几年的教育。所以,通过教育促进精神生活共同富裕进程的成效如果仅仅是提高一定程度或一定时间的劳动收入,正常的营养和健康都只能极为脆弱地得到维持,最终的效果只是维持他们在极低生活水平上做到暂时保障和部分提升。精准培养与乡村振兴需求相匹配的专业人才,持续推进现代涉农职业教育发展是振兴乡村的关键,是实现乡村发展与职业教育发展"双赢"的重大机遇,有利于进一步激发职业教育的使命感和提升职业教育的社会认同度[③]。

体力劳动和脑力劳动是两种劳动形态,各自有各自的作用。体力劳动是劳动的基础,劳动创造世界、劳动创造人、劳动创造财富。对于贫困群体而言,教育

①　郑烨.后扶贫时代精神扶贫助力贵州乡村振兴研究[J].农业开发与装备,2024(01):7-11.
②　黄萍,刘裕章.价值、困境与路径:高职院校贫困生精神扶贫的三重维度[J].宁波职业技术学院学报,2024,28(01):52-56.
③　李移伦,刘红兵.职业教育服务精准扶贫与乡村振兴战略有效衔接策略的探索[J].长沙航空职业技术学院学报,2024,24(01):61-64.

是否是这一群体在脱贫和致富过程中的关键因素并没有足够的理论或实践支撑,很难确定教育是否能够切实有效地提升这一群体的稳定性和反脆弱性,特别是在市场经济不断发展的当下,有更多情况和要素影响着这一群体的发展轨迹,而仅接受过教育特别是初级教育这一要素在其他影响要素的比较中并不突出。例如,在观察研究中,大量由于结婚或者生育导致贫困的案例就证明,教育并不能真正发挥关键性的作用,而更像是一种"锦上添花"。

教育被普遍认为是一个内生变量,因此正确地估计教育收益率是困难的。阶层利益的固化与收入分配失衡加剧降低了社会阶层的流动性,压低了中低收入家庭投资子女教育的回报率,从而降低了人力资本积累速度。对于这一群体而言,他们在一定程度上可能接受到初中教育。由于教育回报的形式和种类都更加的丰富使其脱贫和致富概率大大增加。反过来说。那么对于这部分人群而言,教育回报所导致的脱贫和致富可能性与教育水平和能力呈现正相关关系。因此,这一群体的脱贫和致富非常有可能来源于教育回报形式,以及由于教育所开发出的脱贫和致富的发展潜能。

4.2.2　深度脱贫和致富阶段的逻辑阐释

就如美国学者保罗·福塞尔所认为的,社会底层相信等级是一个人拥有财富的衡量标准[①]。就这一点而言,不仅仅是 70 后,自改革开放以来,我国全体人民实际上都在谱写一桩集体性脱贫和致富史话。伴随集体脱贫和致富的过程,社会上层次越高的人,反而对金钱的重视度就会越来越少。他们的关注会慢慢转向到其他事物上,如:对健康的追求,对婚姻的选择以及对社交的重视。这些关注都会慢慢大于他们对职业的关注度,也有可能他们在时间花费上并不是这样。已经走向精神生活共同富裕的群体表示教育在生产生活的各方面都呈现积极的有益反馈,但处于贫困状态的人员则表示教育依然无法构建在健康、社交、婚姻等方面的正循环。对于一些极度发展较为落后的群体而言,教育回报的意义仅仅在于帮助他们找到一份好工作,除此之外,他们看不到教育在其他方面的作用和价值。

从客观而言,对于已经解决基本生存问题的群体而言,超越物质的需求是一种正常趋势,比如情感、社会地位等。教育回报对于职业发展的谋生属性开始减弱,抑或说职业发展的教育回报已经形成自动机制。职业更多开始作为满足情感、填补心灵的一种手段。从主观上看,远离贫困后,生活开始多元化,对教育的非经济性回报的认识能力也得到释放,他们能更全面、更客观、更科学地认识教

---

① ［美］保罗·福塞尔.格调:社会等级与生活品味[M].梁丽真,乐涛,石涛,译.上海:世界图书出版公司,2011:310.

育的价值。其一,教育具有切实的脱贫和致富价值。在共同富裕这一大框架下,"脱贫"和"致富"互相契合并且逐步过渡,需要左右相搏、相互配合。对于前者而言,教育主要是精准扶贫的重要方式;对于后者而言,教育则是实现乡村振兴、走向共同富裕的重要渠道。其二,教育促进精神生活共同富裕的表现形式是客观多维的教育回报。总体而言,教育回报遵循马斯洛的需求层次理论,从基本需求扩展到高一级的需求。

总而言之,通过教育回报的层次划分,形成"脱贫"和"致富"两个环节和两个步骤共同推进、互相作用的结果,教育正是通过教育回报所产生的资本累积来实现精神生活共同富裕目标。这是教育促进精神生活共同富裕的内在逻辑。

4.3　教育促进精神生活共同富裕的内在机理

数智时代给通过教育促进精神生活共同富裕提供了新的路径。首先,精准捕捉到发展较为落后的群体的教育需求,这也是通过教育促进精神生活共同富裕的精准化前提条件;其次,合理分配教育资源,持续深化教育改革开放,完善教育优先发展机制,让教育制度体系更加成熟、更加定型,让治理能力明显提升,进而缩小不同发展水平程度的地区差距。最后,为了教育回报效果,实行教育要素全过程的精准控制,持续加大教育投入,优化教育支出结构,提高教育经费使用效益,进一步巩固教育公平,提高教育质量。

4.3.1　教育促进精神生活共同富裕的群体资本累积

对于个体而言,他们的知识大部分是通过接受教育来获得的。教育产生回报的过程就可以说是从知识转化为资本的过程。在通过教育促进精神生活共同富裕中,它的第一个内在规定性就是,教育可以做到切实回报到发展较为落后的群体个人身上,这一过程也就是发展较为落后的群体自身不断接受教育所带来的有关技能、知识等有关的回报,并不断积累生存资本的一个过程。

布尔迪厄关于文化资本的理论阐述主要集中在《资本的类型》一文中,关于文化资本与教育公平问题的相关实证研究成果则主要集中在《再生产:一种教育系统理论的要点》《继承人:大学生与文化》《国家精英:名牌大学与群体精神》等著作之中。以布尔迪厄为代表的文化再生产理论其暗含教育作为一种符号暴力,正在帮助中上阶层实现文化再生产,从而成为社会分化和阶层固化的隐形手段①。

---

① 刘祎莹.当代文化再生产的可能性及限制——关于布尔迪厄思想的理论论争与本土考量[J].复旦教育论坛,2023,21(06):13-22.

布尔迪厄反对传统的经济特征，认为资本不仅仅指事物的物质形态，他赋予资本更加丰富的意义。任何东西都可以算作资本，在特定领域中的交换价值，从而既可以作为行动资源，又可以作为追求和积累的"商品"。布尔迪厄赋予了资本更加丰富的意义，认为资本形式是多样的，每个领域都定义了自己的资本种类。在分析了资本的三种形态后，布尔迪厄进一步对每种资本形态作出了剖析。布尔迪厄提出三种资本形式。一是经济资本，用金钱表示；二是文化资本，这种资本在特定条件下才转化为经济资本；三是社会资本，这种资本在一定条件下才转化为经济资本。这三种资本我们通常称为"财产""资格""头衔"。

文化资本理论是布尔迪厄教育社会学思想的重要组成部分。文化资本理论认为，相对于经济资本和社会资本而言，通过家庭所传递的文化资本具有资本继承性的最佳的隐蔽方式，是一种最隐蔽、最具社会决定意义的教育投资。文化资本与学校教育之间存在着一种相互影响、相互促进、相辅相成的关系。非经济资本在一定条件下才转化为经济资本。因此，经济资本与非经济资本之间的关系，还类似于经济基础与上层建筑之间的关系，二者之间是相互决定和促进的关系。运用这一理论，布尔迪厄揭示了学校教育通过将统治阶级的文化合法化再生产既有社会秩序和社会结构的过程。文化资本在各阶级的不均衡分布源于等级社会秩序背后的象征性暴力①。以文化资本概念为核心，布尔迪厄提出了文化资本理论并运用这一理论对法国各阶层的受教育机会、专业选择及学业成就等教育公平问题进行了深入研究。文化资本具有三种形式：其一为身心健康形式，这是一直持续的具体状态；其二为文化商品的形式（如书籍、工具等），这是存在的客观状态；其三为财产保护的形式，这是以财产受保护状态的客观形式存在。三种资本形式都和教育关系密切，但当经济学界对教育投资的效应进行判断时，教育费用被认为是对整体社会带来的实惠和福利，被广泛地认为是"社会全体的收益"。

在布尔迪厄看来，接受高等教育的机会以及按学校标准衡量的能力，更多地依赖于一个阶级的文化习惯与教育制度的要求或者定义教育成功的标准之间的关系。与将学业成就高低归因于学生的自然能力和努力程度的观点不同，布尔迪厄试图从各社会阶层所拥有的文化资本差异出发来解释学生的学业成就差异和成败。布尔迪厄从观念、制度和阶层的角度对法国"国家精英"进行了经典的社会结构分析，通过一系列概念工具分解了法国大学再生产"国家精英"的过程，

---

① 王丹，陈佳欣，史和佳，等.阶层流动还是阶层复制？再读文化资本理论并兼谈"底层文化资本"[J].复旦教育论坛，2023，21(06)：54-62.

为透视其他国家的精英形成提供了研究范例①。所谓的文化教育总是在很大程度上决定着从事"高贵"学业(比如国立行政学校、综合技术学校或文学教师会考)的机会。学生在选定这一方向后,就应该掌握这一套知识和技术,这些知识和技术从来不会与社会价值观完全脱节,但文化教育价值观却往往与某些出身贫困的学生的原生阶级价值观截然相反。对农民、一般雇员和小商人的子弟来讲,掌握学校文化就是一种"文化移入"的过程。但对于中上层阶级而言,学校传播的文化不难掌握,阶级出身越高,越觉得容易,因此中产阶级掌握这一文化的愿望最强烈。国家精英的形成是任何社会发展不可回避的问题,也是高等教育的使命所在。

21 世纪以来,中国高等教育的快速扩张帮助了更多的农村家庭子女进入大学,这一群体在基础教育阶段的"成功崛起"和在高等教育阶段的"融入困境"成为学术界关注的议题。文化再生产理论在中国情境中"失效",是因为对进入精英大学的农村学生而言,文化再生产并非不存在,也没有被他们打败,它只是推迟了对农村学生启动排斥与淘汰机制的时间。实际上,在基础教育与高等教育两个场域中,主导文化资本类型的差异导致了"寒门贵子"不同的生命境遇②。在布尔迪厄看来,相对于经济资本和社会资本而言,通过家庭所传递的文化资本具有资本的继承性的最佳的隐蔽方式,是一种最隐蔽和最具有社会决定意义的教育投资。

社会关系在本质上是社会存在的形态,反映的是主体间的远近亲疏,其与伦理规范和道德准则相关联,也会对行为主体的行为方式产生重要的影响。在社会关系的存在和运行中,存在着一种重要的资本类型——社会资本。一般认为,社会资本由信任、互惠规范、合作和共同价值观等要素构成。社会资本有助于组织内部资源与信息的交换,提升效率,促进创新,能给参与其中的社会主体带来收益和好处。社会资本本身并不会对经济绩效产生直接的影响,但它会通过参与者和谐关系的构建,促进经济管理的效率,提升经济管理的绩效。社会资本是潜在资源集合体,这些潜在资源被社会网络分割和占据,特别被体制化的社会关系以及那些公认的网络占有的特定的行为者所占有。一方面是依赖于行为者在运用过程中所涉及的联系网规模的大小,另一方面是其中有关的每一个人在自己的权力占有中(经济上、文化上)依赖于资本的数量多少。存在于关系网络中的任何主体,其占有社会资本的多寡,影响着其实现预期目标的难易程度。

---

①　鲍俊逸,程晋宽."国家精英"是如何形成的——布尔迪厄对法国大学校的社会制度分析[J].教育学报,2021,17(06):90-100.

②　王兆鑫,陈彬莉,王曦影."学业文化资本"的彰显与式微:精英大学农村第一代大学生的求学历程[J].重庆高教研究,2023,11(06):31-42.

布尔迪厄认为所有的资本类型的根源便是经济资本。经济资本指可以用来获得商品或服务的金钱和物质性财富,这种资本可以转化为实物、金钱,也可以是一种产权的形式。布尔迪厄认为,经济资本揭示了权力和财富分配的强势特征,隐性的社会资本和文化资本所起的作用就是掩盖直接的经济统治关系,使社会等级合法化。资本作用于发展较为落后的群体的逻辑在于理解资本之间的转换,即在不同类型的资本之间可以转化,这些是构成通过教育促进精神生活共同富裕的策略基础。从转换作业的观点和自身固有的损失的观点来看,这些转换的成本最小。经济资本只是外露出海面的冰山一角,定义整个社会的——这个资本主义阶级社会的——是深藏于海面下的,被遮掩伪装的各类资本。在目前普世价值里,经济资本是最有效、最便捷、最容易换取等价交易物的方式,也是我们大部分人最重视的一种资本形式。

布尔迪厄虽然多年来都身居法国知识界的核心位置,但他矢志不渝地坚守左翼知识分子的立场。无论是在他等身的著作中,还是在实际的行动中,布尔迪厄都以自己独特的风格保持着对政治的积极介入。在处于转型时期的中国的情境中,布尔迪厄关于社会疾苦的研究不仅具有理论价值,而且其中所体现的学术操守和道德关怀,对于当代中国的社会学者来说,无疑更具有某种现实的启示意义。

在现代社会中,教育系统与社会结构再生产的关系日益紧密。其中,教育资本发挥着重要作用。教育资本可被定义为依托教育关系,在长期教育过程中将教育内容、观念与能力等转化为受教育者教育收益的资本[①]。西奥多·舒尔茨认为,教育投资的促进包括良好的健康状况以及包含更高的教育水平等在内的人力资本存量上升,同时这样做也提高了劳动力的素质。就发展较为落后的群体自身来说,资本的累积涵盖经济资本,也涵盖着健康资本、社会资本以及文化资本,都是不可或缺的重要组成部分。

人力资本理论突破了传统经济学理论中的资本只是物质资本的束缚,将资本划分为人力资本和物质资本。人力资本的核心是提高人口质量,教育投资是人力投资的主要部分,不应当把人力资本的再生产视为一种消费,而应视为一种投资。布尔迪厄在对这三种资本的分析过程中,先后用到了一些类如"收益""益处""回报率"以及"产出"等这些词语来描述教育产生的结果。西奥多·舒尔茨也把健康资本这一概念与劳动生产率还有人力资本存量等联系起来。换而言之,就是指这与一直贯穿始终的"教育回报"处于同一指向。教育过程中所不断产生的回报这些最终结果,就是使发展较为落后的群体的资本不断积累。

---

① 范云霞.教育资本:定义、模型与运作分析[J].教育学报,2018,14(01):51-57.

4.3.2　教育促进精神生活共同富裕的目标实现

　　教育促进精神生活共同富裕必须明晰生存资本和生活资本这两个概念之间的区别,认识二者在资本积累上的不同使命,从而实现对精神生活共同富裕中"生存"和"生活"规定性的区分。

　　"存",从词源上,从才从子,指正从(才)地下向上萌发的生命(子)。强调生命的萌发与保持。"活",从水,本义指流水声,强调生命的灵动与提升。首先,从字面意思就可以看出来,生存和生活这两个概念的根本区别就在于,生存偏重于生命在生发过程中的从"无"到"有",而生活更偏重于在获得生命这一前提下的保持及提升。与之对应的是,对于发展较为落后的群体来说,生存资本可以使生命在原有的基础上继续延续下去,生活资本则是可以使得生命的质量向更高层次的提升。对于通过教育促进精神生活共同富裕的事业来说,如果以脱贫为指向,就需要建立在生存资本的积累上,如果以脱贫且共富为指向,则可能需要以生存资本和生活资本的同时积累为前提。

　　资本积累的一般规律揭示的是教育与资本积累以及资本所有者的生存与生活状况改变之间内在的、本质的、必然的联系。众所周知,家庭资本在实现共同富裕的事业中占有关键一环。马克思主义理论指出资本家将剩余价值转化为资本是扩大再生产和资本积累的唯一源泉。剩余产品积累到一定程度就可以用于扩大家庭再生产,使家庭获得更多的剩余产品。随着剩余产品越来越多,资本积累不断增长,曾经的发展较为落后的群体将会在财富分配中逐渐改变其贫困状态,并在财富分配下的社会经济权力结构变化中获得一定话语权——一方面他可以用手中积累的资本去购买服务增进健康、参加社交、获得婚姻扩大家庭再生产力量等,另一方面他手中积累的资本可用于为其子女购买教育服务,让下一代可以接受更好更优质的教育。"累积性回报"指在教育回报作用下,知识以资本的形式固定下来并产生积累和增值,从而对发展较为落后的群体的生存或生活进行支撑,最终实现脱贫和致富目标。在这里所提到的资本形式与教育回报的维度是相吻合的。教育回报作用下的资本积累包括经济资本、健康资本、文化资本、社会资本等四种资本的积累,这些资本形式经过排列组合,进而形成那些发展较为落后的群体的整体性的家庭资本。因此,在教育回报不断产生的过程中,家庭资本也随之不断积累,最终完成实现通过教育促进精神生活共同富裕的目标。

　　值得一提的是,从破解资本不同形态的转移和置换,到理清资本的逻辑对发展较为落后的群体的现实作用机制,并最终提出在资本积累的背景下通过教育实现精神生活共同富裕目标的具体步骤和准则,都必须谨慎防范:一是唯经济决定论的观点,即将在实际中发挥作用的各种具有特殊性质的资本都抽象和归结为单一的经济资本,使其他类型的资本在现实中发挥的特殊功效被简单粗暴地忽视和曲解。历史唯物主义认为:社会存在决定社会意识,人类社会的存在和发展是建立在物质资料的生产方式基础之上的;经济决定政治,经济关系对社会历史的发展具有最终的决定作用。然而,对历史唯物主义关于经济关系对人类社会历史发展最终的决定作用的理论,有人却恣意地理解为"经济唯物主义",即认为经济是社会历史发展唯一决定因素的所谓"唯经济决定论"[①]。"经济决定论"作为一种基于传统哲学进路理解人类历史的理论,诉诸"基础主义"和"还原论"的思维方式,机械地解读经济基础和上层建筑的关系,强调经济因素的唯一决定性。另一方面,是符号学的观点,它过分注重社会现象的特殊性和个体的主观个性,将社会交换简单归结为交往现象,而忽略事物中所普遍具备的潜在的经济学分析的基础性质。符号是人类认识事物的媒介,符号作为信息载体是实现信息存贮和记忆的工具,符号又是表达思想情感的物质手段,只有依靠符号的作用,人类才能够实现知识的传递和相互的交往。人类的意识领域就是一个符号的世界。根据符号学理论,人类的思维和语言交往离不开符号,而人的意识过程就是一个符号化的过程,思维无非就是对符号的一种组合、转换、再生的操作过程。历史虚无主义历经多种形式嬗变,不断变换传播形式和呈现样态,但并未改变其虚幻本质和腐朽内核,更应高度警惕历史虚无主义[②]。

① 蒋正峰.历史唯物主义并非"唯经济决定论"[J].广东社会科学,2019(01):89-95.
② 王婷.新时代历史虚无主义的多维审思[J].南方论刊,2023(12):3-4+8.

第 5 章

数智教育赋能精神生活共同富裕的现实基础

5.1　我国数智技术的现状分析

本章首先介绍我国已有的数智技术发展现状、教育发展现状、脱贫和致富进展情况；其次，从改革开放 40 多年来看，中国通过教育促进精神生活共同富裕政策经历了承认贫困阶段（1979—1995 年）——扶贫攻坚阶段（1996—2012年）——精准扶贫阶段（2013—2021 年）的演变过程及其特点；再次，分析我国通过教育促进精神生活共同富裕取得的成效以及存在的问题；最后，分析了数智时代我国通过教育促进精神生活共同富裕面临的机遇与挑战。这些问题的梳理为数智时代通过教育促进精神生活共同富裕的研究提供了现实基础。下面先从数智技术的现状进行分析。

信息技术与人类的生产和生活紧密相关，随着互联网迅速发展，全世界数据呈现爆发性增长，人工智能作为新一轮产业变革的核心驱动力，将进一步创造新的引擎，重构生产、分配、交换、消费等经济活动各环节，催生新技术、新产品、新产业、新业态。在过去数年之间，数智技术在政策、技术、产业等方面取得了爆发性的增长。

5.1.1　我国数智技术的政策层面

近年来，我国政府高度重视人工智能的技术进步与产业发展，目前人工智能已上升国家战略。2014 年 3 月，党中央首次将大数据相关内容写在政府工作报告上，引起我国各级政府、社会企业以及各界人士的关注。2015 年 7 月，国务院出台《关于积极推进"互联网＋"行动的指导意见》首次将人工智能纳入重点任务之一开始，我国的人工智能便步入了新阶段。此后，人工智能行业相关政策密集出台，2017 年 7 月，国务院发布《新一代人工智能发展规划》，战略确立了新一代人工智能发展三步走战略目标，将人工智能上升到国家战略层面，提出到 2030年，人工智能理论、技术与应用总体达到世界领先水平，成为世界主要人工智能创新中心。"十三五"计划时期,根据《"十三五"国家科技创新规划》和《"十三五"国家战略性新兴产业发展规划》,发展人工智能,培育人工智能产业生态,推动人工数智技术向各行业全面融合渗透以及发展大数据驱动的类人数智技术方法,在基于大数据分析的类人智能方向取得重要突破这两方面成为这一阶段的主要任务;十四五计划时期,根据《中华人民共和国国民经济和社会发展第十四个五年规划和 2035 年远景目标纲要》和《"十四五"数字经济发展规划》,人工智能要继续进行研发突破和迭代应用,深化应用端多场景渗透。2018 年 4 月,教育部公布《高等学校人工智能创新行动计划》,从"优化高校人工智能科技创新体系""完善人工智能领域人才培养体系"和"推动高校人工智能领域科技成果转化与示范应用"三个方面提出 18 条重点任务,着力推动高校人工智能创新。中共十九大报告提出推动互联网、大数据、人工智能与实体经济深度融合。

2020 年 1 月 1 日至 2023 年 6 月 14 日,中央及各地方政府出台了 70 部数字经济相关政策,其中,中央 17 部,地方政府 53 部,大致可分为人工智能产业政策、人工智能治理政策、人工智能促进政策、人工智能创新发展试验区政策、"十四五"规划、综合政策、三年行动计划、高质量发展政策、人才政策、其他等 11 个类型,"人工智能产业""人工智能重大场景应用""标准体系""技术安全体系"等关键词成为政策重点。

根据中国工程科技知识中心发布的《人工智能政策分析与展望(2022)》报告,2015 至 2016 年为第一阶段萌芽期,该阶段是人工智能政策发展的初始阶段,政策发布数量呈现上升趋势。2017 至 2019 年为第二阶段发展期,十九大以来,国家陆续出台了"1+N"政策体系,为人工智能发展提供政策依据和制度保障。其中,"1"是指 2017 年国务院发布的《新一代人工智能发展规划》,这是我国在人工智能领域中的首个系统部署的文件,也是面向未来打造我国先发优势的顶层设计文件,将人工智能正式上升为国家战略,提出了面向 2030 年我国新一代人工智能发展的指导思想、战略目标、重点任务和保障措施。"N"是顶层设计出台之后,部委层面陆续出台的关于人工智能产业的发展规划、行动计划、实施方案等落地政策,其中工信部、科技部发布的政策主要涉及数实融合、场景创新、区域创新等内容,国家标准委、发改委围绕标准体系、伦理规范、基础设施建设等内容开展工作。自 2017 年《新一代人工智能发展规划》颁布后,人工智能政策发布进入密集阶段;2020 至 2022 年为第三阶段趋缓期,随着新冠疫情给国际形势带来了新变化,加之很多人工智能行动计划、规划纲要都是 3 年期限,使得近两年人工智能政策发布数量减少,但随着各行业人工智能不断升温及国家"十四五"规划的正式发布,新一轮人工智能实施规划又将开始,政策将继续推动人工智能产业发展。

国家层面强化规划引领和顶层设计,部委层面聚焦战略落实和细化。工信部、科技部、教育部等为贯彻落实我国人工智能发展的总体部署,也相继出台了相关行动计划、指导意见,进一步加强新一代人工智能研发应用。教育部发布的《高等学校人工智能创新行动计划》从"优化高校人工智能科技创新体系""完善人工智能领域人才培养体系"和"推动高校人工智能领域科技成果转化与示范应用"三个方面着力推动高校人工智能创新。科技部等六部门联合印发了《关于加快场景创新以人工智能高水平应用促进经济高质量发展的指导意见》,统筹人工智能场景创新。随后科技部又公布了《关于支持建设新一代人工智能示范应用场景的通知》,支持建设包括智慧农场、智能港口在内的 10 个人工智能示范应用场景。这一系列政策以促进人工智能与实体经济深度融合为主线,将着力推动场景资源开发,提升场景创新能力,探索人工智能发展新路径,以人工智能高水平应用促进经济高质量发展。

5.1.2　我国数智技术的技术和产业层面

当前,我国虽然在核心器件和软件、基础理论、算法等方面与技术发达国家相比差距较大,但在数智技术创新方面发展已有良好基础。例如,多种技术与结构并存的结构初步形成,对于数智技术内存计算、芯片处理、分析方法等关键技术在很大程度上实现重大突破,对我国的数智技术发展具有很大的意义。目前,在数据互操作性技术以及应用技术方面处于国际领先水平;我国有很多互联网企业在数智技术存储以及处理平台方面已经具有国际水平,在移动支付、网络征信、电子商务的应用甚至超过国际水平;有些企业在数智技术存储、处理方面,研发了一些重要产品,有效地支撑了数智技术应用。人工智能产业链可以分为基础支撑层、软件算法层和行业应用层,我国制定的各项人工智能政策均涉及人工智能产业链的三个层级。其中,涉及行业应用层最多,软件算法层次之,而基础支撑层最少。这主要是由于我国人工智能产业发展时间较短,应用市场广阔,且企业集中在应用层,优先对应用层的研究与推广可以快速扩大产业规模。

据国务院颁发《促进大数据发展行动纲要》文件,2020 年,我国对大数据核心产业将实现大规模发展,并将实现 1 万亿元的目标。据估计,2015 年,我国大数据相关产业所产生的产值达到 696.7 亿元,2017 年大数据相关产业所生产的产值达到 1 335 亿元,2020 年,大数据相关产业所生产的产值将实现 1 万亿元。这个报告在很大程度上与国际公司全球咨询战略报告书基本一致。我国大数据相关产业产值到 2020 年达到 10 万亿元,所生产的产值高达 20 万亿元。自大数据产业政策出台,全国各省市都非常重视,在国内外经济下行压力加大的背景下,当地政府为了大力的发展,都选择大数据产业作为自己的重要抓手,大力推动大数据产业发展。

5.1.3 我国数智技术的具体应用层面

大数据的出现,既是现代信息技术发展的产物,同时还处在信息技术发展的崭新阶段。它不断地渗透到各行各业中,从而促进了大数据背景下,技术和实体经济的结合和发展。各个行业也会利用大数据技术去分析研究客户的需求,不断优化完善生产工艺,以及更好地完善供应链与能源管理,不断推进职能服务等。除此之外,大数据还能够分析每个企业的发展目标和方向,这就大大促进了大数据和企业技术相融合,行业市场潜力被发现发掘,为大数据企业和实体经济企业带来的共同利益和价值。根据统计,金融、政务和电商企业在生产的产品、种类以及提高解决问题方案等方面占最多,分别是63%、57%和47%。但实际上存在着数据质量不高、平台工具不足、商业不成熟等问题,影响了实体经济行业大数据价值的有效利用。

如今,数智技术已成为提升国家和地方竞争力的新引擎,不仅推动经济创新,也推动社会转型。当国家提出数智技术战略,大部分地方政府积极主动响应,积极部署。从地方实际情况出发,2013年7月,《上海推进大数据研究与发展三年行动计划(2013—2015年)》出台;2013年11月,天津市发布《滨海新区大数据行动方案(2013—2015年)》;2014年3月,《贵州省大数据产业发展应用规划纲要(2014—2020年)》出台。在中国地方政府的数智技术战略中,已经发布了110多个数智技术政策文件,包括研发支持、数据共享、基础设施等内容,有利于社会各个层面的生产力和竞争力提升。目前来看,我国数智技术产业还处于动员与初步发展阶段,各地方结合本地实情和相对优势发展地方特色的数智技术产业,融合发展的局面正在形成。

5.2 我国通过教育促进精神生活共同富裕政策的历史沿革

自改革开放以来,我国脱贫和致富事业不断深入发展,教育促进精神生活共同富裕的政策正在发挥着十分重要的作用。从这40年来的政策发展来看,中国教育促进精神生活共同富裕政策的演变过程主要划分为三个阶段。

5.2.1 承认贫困阶段(1979—1995年)

任何一项政策制度都不能孤立存在,政策的推出与修改都和宏观社会环境紧密相关。教育促进精神生活共同富裕的政策制度毫无疑问也受到政治经济文化科技等因素的影响。在改革开放初期,贫困家庭吃饭问题的解决是我国农村地区脱贫和致富的第一任务,发展较为落后地区教育水平差和劳动人口素质低是导致贫困的重要原因。那时,全国每 10 万人中平均有教师 956 名,发展较为落后地区教师仅约 500 名。但在这一时期,党和国家领导人逐渐重视贫困问题,并提升到了政策层面加以解决。为解决发展较为落后地区"有学上"的问题,我国通过教育促进脱贫和致富的政策集中在基础教育和保障义务教育普及。1984年,《党中央、国务院关于帮助贫困地区尽快改变面貌的通知》发布,文件指出,要改善贫困区域教育问题,加大智力投入,促进我国初等教育的普及,优先发展农业职业教育。1988 年 2 月,国务院发布《扫除文盲工作条例》,加快扫除文盲和提高人民文化素养。1994 年国务院公布《国家八七扶贫攻坚计划》,制定七年扶贫攻坚计划,围绕教育和扶贫工作,推进我国发展较为落后地区教育层面的改革,促进我国各地初等教育全面普及,彻底消除文盲。1995 年,我国启动"国家贫困地区义务教育工程",重点投入了专项教育资金,加强了《计划》中确定的贫困地区义务教育阶段的基础设施建设。

5.2.2　扶贫攻坚阶段(1996—2012 年)

随着改革开放不断深入与发展,人民的生活质量逐步提升。但是我国少数发展较为落后的地区没有得以发展,农村贫困人口温饱问题也没有得以解决。普及义务教育为扶贫脱贫和致富带来初步成效,发展较为落后地区人口教育需求由原来的"有学上"开始向"上好学"转变,脱贫和致富目标由保障"生存"向更高"发展"阶段迈进。所以,通过教育促进精神生活共同富裕在扶贫脱贫和致富工作中的重要作用得到党和国家领导人的高度重视。在这个时期,我国普及义务教育任务已经完成了应有的历史使命,正在为追求教育质量这一新任务所取代,我国教育促进精神生活共同富裕的政策着重推进农村教育改革,着眼于农村地区基础教育的质量,着力于农村人口的职业教育和成人教育。政策内容体现出重视脱贫和致富、提倡向发展较为落后地区教育资源倾斜等特征。

国务院发布《关于尽快解决农村贫困人口温饱问题的决定》(1996),要求我国以实现真扶贫为原则开展贫困工作,解决脱贫和致富的内蕴和功能要依赖技术进步和农民素质提升。2003 年,国务院发布《关于进一步加强农村教育事业的决定》,强调要把农村教育事业摆在我国教育事业中的重要地位,要突出基础教育和职业教育在脱贫和致富中的作用。其中,包括教育教学深化改革和教学课程深度改革、推进教师素质提高、学校管理水平全面提高等有关基础教育质量的规章制度。2004 年国务院通过了《2003—2007 年教育振兴行动计划》文件,强调加快农村教育发展,持续改革农村教育,促进"两基"成果巩固与提高,提出农村教师队伍建设,推进发展贫困地区远程教育实施,促进全国优质教育资源得到共享。

2010 年党中央、国务院公布了《我国教育发展的中长期教育改革和国家发展计划纲要(2010—2020 年)》,地方要合理公正分配教育资源、推动教育公平的相关措施,重在消除教育差距,缩小城乡贫富差距,以及向农村发展较为落后地区教育倾斜等具体措施,包括援助我国中西部高等教育兴起的专项资金计划,启动特岗计划,鼓励高校学生自愿到边远地区支援等。2012 年,教育部协同国家四部委发布了《关于实施面向贫困地区定向招生专项计划的通知》文件,明确提出教育要成为集中连片特殊困难地区扶贫脱贫和致富的主要阵地,提高较为落后地区的教育发展能力,缩小城乡发展的差距,扩大各高校在农村的招生数量尤其是发展贫困地区的招生数量,强调特殊困难地区的考生要给予政策优惠,帮助学生完成学业。

5.2.3　精准扶贫阶段(2013—2021 年)

随着改革开放进程的继续推进,我国贫困人口出现了分布分散化和片段化的特点,经济发展蕴涵的"涓滴效应"在减少,区域间的互相促进发展蕴涵的脱贫和致富效果呈现弱化趋势,脱贫和致富边际成本在慢慢增加,在实践过程对新阶段也有了新的要求。在新阶段,党和国家为普及学前教育和高中教育规划了新的任务,通过教育促进脱贫和致富、精神生活共同富裕政策突出了精准理念的特点。

2013 年 7 月,教育部会同七部委颁布了《关于实施教育扶贫工程的意见》,并制定了我国的特定教育扶助政策,明确了实施通过教育扶助贫困的工程是扶贫脱贫和致富攻坚的重要内容。通过教育结合扶贫,阻断我国贫困的代际传递,进一步明确教育在我国脱贫和致富工作中的根基性作用。

随着数智理念在世界范围内的应用,世界各国都认识到数据的重要性,数据意识也在不断加深。大部分国家都把数据作为国家战略重要资源,为了占据信息时代的制高点,开启新一轮的改革行动。正是在这种时代背景下,更多的企业、业务人员和学者都认同和重视数据是当代一种重要的资产。国家认为教育是提升综合竞争力的重要战略元素之一,"数据资产"的开发与利用对国家的教育和发展都具有重要的意义。目前,我国在教育数智技术领域属于初始阶段,急需在机制体系上进行协调与适应,力求形成最大合力。改革开放以来,我国在脱贫和致富工作方面已经取得显著成就,走出了一条有中国特色的脱贫和致富之路。但也存在不足。例如,中国的脱贫和致富工作没有完整的识别、援助、监督和评估业务整套流程;在脱贫和致富项目、脱贫和致富资金板块,也没有形成事前预警、事中监测、事后评价的综合性监督体系。2014 年 7 月 8 日国务院扶贫办印发《全国扶贫开发信息化建设规划》,利用现代信息技术,建立健全全国统一扶贫开发信息平台。利用信息技术促进科学、规范扶贫开发工作,扶贫开发政策、资金利用和项目部署的效率都会极大提高。这也体现了创新扶贫思路的必要性,建立统筹规划、统一标准、资源共享、数据驱动、协同共享五大基本原则的脱贫和致富平台的紧迫性。2017 年 8 月 30 日中央第八巡视组对国务院扶贫办发布《中共国务院扶贫开发领导小组办公室党组关于"机动式"巡视整改情况的通报》中,在贫困人口识别程序中增设"比较"环节,将原本的"两个公告、一个公告"调整为"两个公告、一个比较、一个公告"。将识别程序的数据比对结果及时准确反馈给人民群众,再按相关程序进行再次识别,尽量提高贫困识别的准确性。这也表明我国数智技术扶贫在初期阶段,一直与时俱进,努力实现"六大精准"。

为了教育促进精神生活共同富裕的政策能够全面贯彻与落实,必须做到"六大精准"措施,这直接成为做好教育促进精神共同富裕的关键。第一,确保对象精准。地方政府通过量表的识别和基层民主评价,准确识别真正需要给予帮助的群体,并采用严格的拒绝指标否决一票,最大的程度上减少人工操纵的可能性,坚决反对欺诈。第二,确保项目部署的精准。发展较为落后的群体的身份得到确定后,工作人员根据发展较为落后的群体的实际情况和需求实施精准扶贫和致富惠民工程,让扶贫致富工作的成效成果更加明显。第三,确保资金精准使用。因为大多数基金方式太受限制,在使用上不够灵活,地方政府缺乏有效的独立行使权力,资金不能精确着陆,效率很低、造成大量的浪费,保障资金的使用精准,意味着可以提高资金使用效率。第四,确保措施精准到户。之前很多工作有着应付检查的不良倾向,以至于大部分项目基本很难完全到户,即便到户后的效果与实际预想存在着很大差距。如果把措施到户的准确性和脱贫致富对象纳入现代产业链的工作结合在一起,那么在技术、资金、信息、市场等方面问题得到很好的提升。第五,保证因地制宜派人的精准。脱贫和致富是一个高度复杂的系统,需要非常有力的保障,但广大发展落后地区特别是脱贫返贫村落的干部和民众普遍存在年龄大、文化素质低、组织能力弱、执行力差的问题,使脱贫和致富的任务不能有效地推进和完成。所以,因地制宜的精准派人,不仅可以帮助当地政府开展有效的扶贫致富工作和任务,而且能呼吁更多的社会、单位和个人资源,同时可以对工作过程进行公开有效的监督。第六,保障成效精准。在脱贫和致富过程中,对脱贫和致富效果开展有效、科学的考核及评估是十分有必要的,以避免出现数字脱贫和致富现象的卷土重来。

我国教育扶贫政策在 70 多年的演变过程中有较明显的路径依赖倾向,政府能力与社会环境变化是影响教育扶贫政策变迁的重要因素。在后扶贫时代的宏观背景下,推动教育扶贫政策与乡村振兴战略有效衔接、加快教育扶贫现代化步伐、形成和完善教育扶贫协同治理大格局是教育扶贫政策突破原有路径依赖、构建新型制度均衡的必经之路。

5.3　我国通过教育促进精神生活共同富裕政策的特点

改革开放以来,我国的教育促进精神生活共同富裕的政策也在不断演变和发展,形成了一整套完整、系统、全面的政策体系。总的来说,中国当前的教育促进精神生活共同富裕的政策需要以公平正义为内涵和方向,建立和完善教育,涵盖所有相关领域的教育,对关注的对象不断精密和细化,表现为关键地区和特殊群体的组合。

5.3.1　政策的价值取向:追求公平正义

教育公平通常指每个社会成员都享有同等的教育权利与教育机会,享有同等的教育资源,享有同等的教育质量,享有同等的就业机会,并向社会弱势群体给予一定的倾斜。教育公平包括机会公平、过程公平和结果公平。教育公平是社会公平的重要基础,是维系社会公平正义的坚实基石。教育公平属于社会公平的范畴,而社会公平历来是人们追求的理想。社会公平包括政治公平、经济公平、文化公平、教育公平等,是一个综合性的概念。在社会公平中,教育公平无疑具有十分重要的地位。教育公平的实现,直接关系到社会公平的实现。从某种意义上说,教育公平既是社会公平的重要基础,又是社会公平的核心环节。所有公民都有平等机会接受同等质量的教育,并通过教育来改善自身素质和发展机会,这是实现脱贫和致富走向精神生活共同富裕的首要条件。

随着教育改革的不断深化,我国教育事业取得了举世瞩目的成就。国民受教育程度和科学文化素质大幅度提高,这不仅为社会主义现代化建设战略目标的实现提供了有力的人才支持和智力保障,也为我国教育的进一步发展奠定了坚实基础。然而,从总体上来看,现阶段不全面、不均衡的教育资源供给与经济及社会发展的多元化需求,特别是与人民群众日益增长的对教育"足量优质"需求之间的矛盾,成为当前我国教育的主要矛盾。城乡区域之间教育资源发展的差距悬殊也是需要着力解决的重点和难点。通过教育促进精神生活共同富裕,就是指通过对发展较为落后地区教育资源的投入,发展这些地区的教育,实现教育带动脱贫和致富的目的,从而完成脱贫和致富的艰巨任务。这一做法从其本质上看,体现出了公平正义的价值趋向。

首先,教育促进精神生活共同富裕的政策体现了公平起点。本质上看,教育机会的公平属于"起点公平"。精神生活共同富裕所包含的公平理念更多地体现为机会的公平,而不是简单的结果公平。机会公平就是通过规则公平和权利公平实现每个个体进出市场以及在市场中有平等的权利。这是激发个人主观能动性的前提。我国教育政策中许多措施都体现在保障发展较为落后地区贫困人口拥有同等的受教育权利。经由文化资本视角发现,文化资本作为一种能潜移默化影响行动者认知导向与生活方式的资本形式,社会中不同阶层的人群在文化资本影响下呈现出不同的思维逻辑、认知水平与决策倾向,在一定程度上对不同阶层家庭学生的升学意愿、入学机会及学校和专业选择带来影响,导致了高等教育起点的不公平①。一是我国贫困区域学生在上学条件上实现公平。1995 年,国务院启动发展较为落后地区义务教育工程,推动发展较为落后地区实现"两基",不断改善学校办学条件。二是学生有平等的上学机会。发展较为落后地区的学生都有上学的机会,不会因为考虑家庭生计被迫放弃学业,从而失去受教育摆脱贫和致富的机会。因此,针对教育领域的各种问题,我国出台了财政支持和保障的相关政策。例如,2005 年,中国财政部与教育部联合发布《关于加快国家扶贫开发工作重点县"两免一补"实施步伐有关工作的意见》,提出对贫困学生实行"两免一补"政策(其中包括免除书本费、杂费、住宿费补贴),政策效果显著。据财政部的统计资料显示,2005 年中央与地方对"两免一补"政策共投入 64 亿元左右,中西部地区共有 3 400 万名农村贫困学生得以优惠②,同时,"两免一补"政策的资金额正在逐年增加。不少学生因为家庭贫困而失学,通过这方面的政策,使得每位学生都可以有学上,完成学业。

其次,教育促进精神生活共同富裕的政策体现了过程公平。只有起点公平最后还是可能造成赢者通吃的局面。过程公平强调整个过程中教育制度或安排要平等对待每一位儿童,以消除外部经济障碍和社会障碍对儿童学业的影响。中国为了改变教育资源配置不平衡,要公平地分配教育资源到贫困的农村地区,提高教育质量。主要有以下几点:第一,确保所有学校实现均衡发展。改善城乡地区教育发展不平衡状况,解决发展较为落后地区教育发展水平较低的问题。所以,坚持我国教育公平的基本政策,建立和完善城乡一体化的教育发展,在学校建设、资金、基础设施、师资力量等相关政策上优先向发展较为落后地区学校倾斜,减小教育差距,促进地区教育公平。要注意帮扶机制的落实,通过优质城市的教学资源来带动发展较为落后地区的学校,每个学校都进行点对点的帮扶机制,这也是一个重要的途径。充分发挥东部地区对中西部地区教育发展的辐射带动作用,加快落后地区、重点领域的教育现代化进程,协同开展教育现代化建设。第二,推进较为落后地区的教师队伍的稳步发展建设。教师队伍是推进较为落后地区教育发展的重要力量。为深入贯彻落实习近平总书记关于教育的

①　康熙宇,方明.文化资本对高等教育起点公平影响探究[J].蚌埠学院学报,2022,11(06):97－102＋106.

②　哈巍.中国农村义务教育经费体制改革四十年回顾[J].教育学术月刊,2017(12).

重要论述和全国教育大会精神,教育部、中组部、中编办、国家发展改革委、财政部和人力资源社会保障部等六部门印发《关于加强新时代乡村教师队伍建设的意见》,聚焦短板弱项,有针对性地提出创新举措,在脱贫攻坚与乡村振兴有效衔接的大背景下,实现乡村教师可持续发展助力乡村振兴,推动实现公平而有质量的乡村教育。第三,改善我国发展较为落后地区学生的营养状况。对于贫困儿童而言,他们的身体健康、智力发育还有一些习惯的养成都和营养密不可分,不少贫困儿童由于缺乏营养而导致不能完成学业。为进一步加强和改进营养改善计划工作,在以习近平同志为核心的党中央坚强领导下,教育部等七部门印发《农村义务教育学生营养改善计划实施办法》,持续提升农村学生营养状况和身体素质,不断促进农村教育事业发展和教育公平。

最后,教育促进精神生活共同富裕的政策体现了结果公平。结果公平通过向儿童提供让个人的天赋得以发展的各种机会,使不同社会出身的儿童获得进步,进而获得平等的教育效果。教育公平的结果是贫困学生在接受教育后能够获得足够的经验和公平的收获。其一,职业教育和技能培训得到公平结果。全球范围内科技进步引发的产业变革,加剧了劳动力市场对高技能人才的需求。同时,随着高等教育的普及化,文凭在劳动力市场的特权逐渐淡化,各国开始探索"学历+技能"的人才培养模式,技能社会作为新的社会形态受到普遍关注[①]。职业教育和技能培训长期得到联合国的承认和推广,有助于发展较为落后地区人口的技术能力提高,直接促进贫困学生就业,有利于贫困学生获得教育收益。其二,因地制宜是教育结果公平的"土壤"。要想有效地满足发展较为落后地区的教育需求,就必须结合当地的实际情况,通过深入实际的考察本土发展,与之做出符合当地实际情况的教育政策,切实为他们带来真正的效益。当前,电子商务在促进农村地区的发展过程中扮演着不可替代的作用,给人们的日常生活、生产方式带来了很大影响,乡村振兴战略需要人才的支撑,而高校正是能为国家培养理论知识高、实践能力强的农村电商人才的重要场所[②]。所以,在涉及农村教育方面,要想达到扶贫目的,就必须设置一些结合实际的农村课程,提高这一块在农村教育体系中的比重,设计一些适合本土发展的农村课程,从而通过教育带动农村区域的深入发展。

党的十八大以来,以习近平同志为核心的党中央高度重视教育公平问题,明确提出要不断促进教育发展成果更多更公平惠及全体人民,以教育公平促进社

---

①　陈衍,王佳倩,郑潇敏.面向全球技能发展:青年、教育与就业[J].华东师范大学学报(教育科学版),2024,42(04):39-50.

②　赵振君.乡村振兴背景下电子商务专业人才培养的案例教学研究——以农村电商课程为例[J].西昌学院学报(社会科学版),2024,36(02):122-128.

会公平正义。从根本上讲,实现脱贫和致富走向精神生活共同富裕不仅是社会民生问题,更是社会公平正义问题。

5.3.2　政策的涉及领域:全面覆盖

我国通过教育促进精神生活共同富裕的相关政策覆盖了教育的所有领域。一是在基础教育层面,政府一直关注发展较为落后地区基础教育的质量普及义务教育,实现教育均衡发展。中共中央办公厅、国务院办公厅为深入贯彻落实党的二十大精神,印发《关于构建优质均衡的基本公共教育服务体系的意见》,以公益普惠和优质均衡为基本方向,加快推进国家基本公共服务均等化,全面提高基本公共教育服务水平,构建优质均衡的基本公共教育服务体系,在经济社会发展规划、财政资金投入、公共资源配置等方面优先保障基本公共教育服务。

定点通过教育促进精神生活共同富裕的工作。国家鼓励高等学校开展定点通过教育促进精神生活共同富裕的工作,其中农业、林业大学和师范院校尤其在支持人才,情报、技术和教育成就显著。随着教育的作用越来越大,学前教育越来越受到人们的重视。中共中央办公厅、国务院办公厅印发《加快推进教育现代化实施方案(2018—2022 年)》,提出今后 5 年加快推进教育现代化的总体目标是:经过 5 年努力,全面实现各级各类教育普及目标,全面构建现代化教育制度体系,教育总体实力和国际影响力大幅提升。实现更高水平、更有质量的普及,教育改革发展成果更公平地惠及全体人民,教育服务经济社会发展的能力显著提高,社会关注的教育热点难点问题得到有效缓解,多样化可选择的优质教育资源更加丰富,人民群众受教育机会进一步扩大,学习大国建设取得重要进展。《中国教育现代化 2035》提出,推进教育现代化的总体目标是:到 2020 年,全面实现"十三五"发展目标,教育总体实力和国际影响力显著增强,劳动年龄人口平均受教育年限明显增加,教育现代化取得重要进展,为全面建成小康社会作出重要贡献。在此基础上,再经过 15 年努力,到 2035 年,总体实现教育现代化,迈入教育强国行列,推动我国成为学习大国、人力资源强国和人才强国,为到本世纪中叶建成富强民主文明和谐美丽的社会主义现代化强国奠定坚实基础。

5.3.3　政策的扶持对象:聚焦发展

教育是全党全社会的共同事业,加快教育现代化、建设教育强国是一个长期的过程,必须一张蓝图绘到底,持之以恒,久久为功。建设教育强国是以中国式现代化推进中华民族伟大复兴的基础工程。一方面,发展数字教育是教育强国建设的必由之路,也是破解教育事业改革发展瓶颈的重要抓手。我国推进数字教育具有独特性,既处于数字中国宏大的战略目标下,需要高标准快速推进,又面临庞大教育规模和多样化教育需求的挑战。另一方面,融合教育已经进入高质量发展的深水区,联合融合教育相关机构开展协同教研是融合教育质量提升的重要支撑。协同学理论视域下的协同教研机制包括:明晰序参量,子系统管理团队有序领导教师共同体共同规划教研目标;有效把握控制参量,促进子系统共同体产生协同行动;子系统在协同行动中共创协同教研组织;政府、学校责任主体制定四项制度促进协同教研组织稳定、有效地发展①。

坚持扎根中国大地办教育,聚焦教育发展不平衡不充分的突出问题,着力解决群众最关心最直接最现实的问题,从社会主义初级阶段的国情出发,尽力而为、量力而行,科学设定教育现代化目标任务。教育促进精神生活共同富裕的政策要精准识别全国各地发展较为落后地区的贫困学生、教师、儿童、少数民族学生等特殊群体,在校贫困学生可向学校等有关部门提出认定申请,及时得到相关部门和社会的帮助。对特殊群体和弱势群体的帮助,是在区分致贫原因的基础上,再结合脱贫和致富需求进行对症下药,使教育促进精神生活共同富裕的政策精准落实到户与到人。

通过教育政策优先发展战略,向长期在发展较为落后地区任教的教师进行优惠,做好现代协同教育机制与政策的设计,必须精心组织与挑选一批跨学科、跨文化、跨阶层、跨年龄段、理论与实践相结合的学术带头人,打破部门条块分割的机制束缚,精准制定国家协同教育机制政策、专业人才培训与认证标准,支持对发展较为落后地区教师进行岗位培训,做到提升专业素质知识能力综合、提高基础工资和待遇、改善工作环境等,通过协同营造教育改革发展的良好生态和社会氛围,共同开创新时代教育现代化建设新局面。

5.4　我国通过教育促进精神生活共同富裕的成效

5.4.1　学前教育

党中央、国务院高度重视学前教育改革发展。党的十九大报告提出,要"办好学前教育",把实现"幼有所育"列为民生"七有"首位。2021年全国幼儿园数达到29.5万所,比2011年增加12.8万所,增长了76.8%,有力保障了不断增加的适龄幼儿入园需求。毛入园率持续快速提高,2021年全国幼儿园在园幼儿数达到4805.2万人,比2011年增加1380.8万人,全国学前3年毛入园率由2011年的62.3%提高到2021年的88.1%,增长了25.8个百分点,学前教育实现了基本

---

① 王蒙蒙,朱宁波,张悦歆.融合教育区域协同教研:机制、困境与突破[J].中国特殊教育,2023(11):34-42.

普及。中西部和农村发展最快,全国新增的幼儿园,80%左右集中在中西部,60%左右分布在农村。10 年间毛入园率增长幅度超过 30%的 13 个省份都在中西部,"三区三州"等原深度贫困地区入园率显著提高,甘肃临夏州从 15.8%增长到 95.5%,云南怒江州从 25.6%增长到 90.01%,学前教育区域、城乡差距明显缩小。

2018 年,中共中央、国务院印发《关于学前教育深化改革规范发展的若干意见》,对新时代学前教育改革发展作出部署,明确要求研究制定学前教育法。在第十三届全国人大期间和第十四届全国人大一次会议上,全国人大代表共提出 24 件有关学前教育立法的议案,呼吁通过国家层面立法来保障和促进学前教育。2023 年 8 月 28 日,《中华人民共和国学前教育法(草案)》首次提请十四届全国人大常委会第五次会议审议。为了保障广大群众子女"有园上""上得起",强调"普及普惠"是学前教育法草案的一个突出特点。为了提高幼儿园师资质量,学前教育法草案专章对教师和其他工作人员作出规定,严格资质要求,明确幼儿园职工应当具备规定的条件。例如,担任幼儿园教师应当取得幼儿园教师资格,幼儿园园长应当具有幼儿园教师资格、大学专科以上学历。高校学前教育专业是培养幼儿教师的主渠道,肩负着培育高素质创新型幼儿教师的重任,加快提升学前教育专业师范生创新素养已成为时代课题①。

习近平总书记在党的二十大报告中提出,推进健康中国建设。把保障人民健康放在优先发展的战略位置,完善人民健康促进政策。"没有全民健康,就没有全面小康"②。党的十八大以来,以习近平同志为核心的党中央坚持以人民为中心的发展思想,发出建设健康中国的号召,确立新时代卫生与健康工作方针,卫生健康事业发展取得显著成就。健康中国建设贯彻以人民为中心、以改革创新为动力的发展思想,贯穿于统筹推进"五位一体"总体布局和协调推进"四个全面"战略布局之中,凸显了卫生健康事业在国家整体发展战略中的基础性地位和支撑作用,是马克思主义政治经济学中国化、时代化一系列创新成果的重要组成部分。实施健康中国建设,坚持健康促进政策,必将对我国新时代经济社会发展产生深远的影响,也是中国式现代化的内在要求③。《"健康中国 2030"规划纲要》明确提出实施健康儿童计划。儿童健康是全民健康的重要基石。把儿童权利和经济社会发展相结合,才能更好保障儿童的生存权、受保护权、发展权和参

---

① 蔡云,鲍亚.学前教育专业师范生创新素养:理论内涵、构成要素与培育路向[J].齐鲁师范学院学报,2024,39(02):17-25.
② 习近平.高举中国特色社会主义伟大旗帜 为全面建设社会主义现代化国家而团结奋斗[N].人民日报,2022-10-26.
③ 谢地,武晓岚.健康中国建设的政治经济学解析[J].山东大学学报(哲学社会科学版),2024(03):1-15.

与权。建立好保护发展较为落后地区儿童健康成长的安全互联网,保护好发展较为落后地区儿童的生存与发展不受影响,构建政府、家庭、社会联合的全面成长照顾与全面保护,保护发展较为落后地区儿童的学前教育与健康教育的基本权利。少年强则国强,少年进步则国进步。全社会共同呵护少年儿童的健康成长,培土护苗、聚木成林,就能让少年儿童成长为心怀远大抱负,有知识、有品德、有作为的顶梁柱,为实现中华民族伟大复兴的中国梦时刻准备着。

实现"幼有所育",是在发展中补齐民生短板的内在要求,也是满足人民日益增长的优质教育需求的题中应有之义。学龄前时期是儿童身心发展的重要阶段,以合理费用让孩子们就近入园、入优质园,承载着无数家长的关心期盼,事关千家万户的切身利益。由于幼儿园阶段育儿费、学费、生活费、交通费等都处于较高的消费水平,费用高昂,导致部分家庭承受相对较高的经济压力,同时贫困学生的父母往往受过较少的教育,受到"读书无用论"不良思潮的影响,导致许多父母并不在意学前教育,因此孩子们在起跑线上迷失了方向,为日后辍学埋下隐患。从农村中小学生及其家长的观念与行为中看到,其主要表现为农村父母对其子女家庭教育的消极观念、农民子女普遍且严重的厌学倾向以及他们对继续读书孩子的不解与质疑。其形成逻辑在于农村特定阶层基于其经济身份所导致的知识观[①]。因此,教育促进精神生活共同富裕的建设,应当进一步扩资源、调结构、增普惠、提质量,形成完善的学前教育管理体制、办园体制和政策保障体系,就能为幼儿提供更加充裕、更加普惠、更加优质的学前教育。

在日益凸显的少子老龄化形势下,推进托育服务实现以需求为导向的高质量发展,不仅有助于切实保障"幼有所育",而且对促进我国人口长期均衡合理发展大有裨益。然而,劳动年龄人口、劳动人口和就业人口持续下降的趋向,对现有以家庭为主的分散型抚幼方式形成了严峻挑战,迫切需要推进托育服务专业化发展。考虑到供给总量明显不足与供需难匹配的客观现实,必须充分调动政府、市场和社会组织的积极性,促进托育服务包容性发展与治理,更好地满足不同家庭多层次、多样化的需求。我国应顺应托幼一体化发展趋势,实行以教育部门为主的管理体制,并进一步深化"放管服"改革,在便利托育机构创立发展的同时,采取包容审慎的监管模式,为安全放心、科学专业、普惠可及的托育服务有效供给提供强有力的支撑与保障。

5.4.2 义务教育

义务教育是提升国民素质的基础、实现社会公平的起点。义务教育是所有

---

① 陈奕涛.阶层流动视角下的农村新"读书无用论":现实表征、发生逻辑与治理策略[J].理论观察,2022(05):55-60.

符合年龄要求的儿童和少年要接受的教育,是国家无偿提供的公益性事业。十四五期间,我国义务教育在均衡发展的基础上迈向优质和高质量发展阶段,乡村义务教育作为义务教育体系的重要组成部分,其发展水平直接关乎我国义务教育的整体质量。然而新时期背景下,乡村义务教育供给尚存在政府选择偏好,政策执行失真;城挤乡弱村空,教育结构失衡;乡土场景脱嵌,乡土文化失语;供给主体缺场,教育过程失公等现实问题。不断发展完善义务教育,是国家经济和社会发展的重要基础,对提升我国综合国力,加强国际竞争力,实现国家富强、民族振兴具有十分重要的现实意义。新时代,广大人民群众对学校教育的需求正向着更高质量、更公平、更个性化、更加便捷的方向发展。以需求为导向的学校功能和服务改进可以有效地满足人民群众的美好教育需求。义务教育阶段的学校应转变传统观念,树立新的学校功能观,关注于人民群众的美好教育需求[1]。

2012 年,国务院出台《关于深入推进义务教育均衡发展的意见》,全面推进义务教育基本均衡发展。同年,教育部印发的《县域义务教育均衡发展督导评估暂行办法》提出,从 2013 年开始逐省逐县对义务教育均衡发展情况进行督导评估认定。2019 年 4 月,教育部办公厅发布《禁止妨碍义务教育实施的若干规定》中,保证了义务教育制度在我国的顺利实施,也阻碍了学龄儿童的成长发展、青少年犯罪行为的发生。据教育部公布的 2020 年全国教育经费执行情况统计公告显示,从 2012 年起,我国连续九年做到了国家财政性教育经费占 GDP 比例"不低于 4%",其中,2020 年全国普通小学生均一般公共预算教育经费为 12 330.58元,比 2015 年增长 28.13%,全国普通初中生均一般公共预算教育经费为17 803.6元,比 2015 年增长 32.64%。

从 2013 年开始,中国开展了县义务教育均衡发展评估和确认工作,以合理配置我国教育资源,缩小城乡和地区教育差距。2016 年 7 月,国务院发布《国务院关于统筹推进县域内城乡义务教育一体化改革发展的若干意见》文件,提出城镇之间实现联合建设、乡镇学校教育实现标准化建设、消除大班额计划、城市和农村教师统筹配置、完善保障体系、改善当地教育治理机制、改革控辍保学体系、改革随迁子女就学机制、加强保护照顾留守儿童十个措施,缩小城乡教育差距,促进我国教育公平公正,加快我国城乡义务教育一体化的发展。但当前我国乡村义务教育质量评价存在诸多问题。按照由政策到实践的线索分析,可发现国家级教育质量评价政策向区域政策的转化过程与乡村义务教育质量评价问题之间存在内隐性的关联[2]。

---

① 杨清溪,高书雅.人民美好教育需求下的义务教育学校功能与服务改进[J].社会科学战线,2024(04):276-280.

② 朱成科,李东青.乡村义务教育质量评价的困境及破解之道[J].教育科学探索,2024,42(02):43-49.

必须防范因贫失学在局部地区个别现象的"复活"。因贫失学作为发展较为落后地区义务教育出现辍学的主要原因,虽然在精准扶贫阶段得到有效遏制和根治,但依然不能掉以轻心。要进一步加大帮扶力度,建立健全九年义务教育全覆盖,包括小学、初中学校帮扶资助机制,确保每个贫困家庭的孩子有学上和上得起学。不仅不能让每个学生因贫失学,而且还要提高发展较为落后地区义务教育质量,确保孩子不会输在起点上。

新一代数字技术从底层逻辑上降低了教育复杂系统的不确定性,增强了教育的解释力、共享力、决策力、监督力,有效赋能教育供给①。然而义务教育公共服务在适应这一技术浪潮的过程中,仍面临诸多挑战。立足于供需匹配理论,围绕需求侧管理、供给侧回应与大数据驱动三大维度,构建出大数据驱动下义务教育公共服务供需匹配的行动框架,从而揭示精准化管理过程的运作机理,为服务持续性优化提供有力支撑。为推进基础教育扩优提质,实现义务教育公共服务供需匹配,应坚持新基建工程建设、数据制度健全、数据智脑建成、供给模式优化、动态监测系统探索以及智慧评估体系构建等关键路径。

5.4.3 普通高中

普通高中是我国高级中等教育的重要部分,是我国人民文化素质提升的基础教育,是建设高质量教育体系的重要环节,是教育强国建设的重要基础和必要内容。我国普通高中建设制度前后经历了"坚持教育效率优先,建设重点学校"的重点阶段,"扩大优质教育资源,建设示范学校"的示范阶段和"强调教育质量提升,建设特色学校"的特色化阶段。普通高中建设制度"重点—示范—特色化"的变迁脉络受到经济体制、教育管理体制以及教育价值取向等深层结构的深刻影响,政策的自我学习及利益主体的互动角逐是制度变迁的内生动力和直接动力②。我们需要提高中国高中阶段教育的整体普及水平、调整地方教育结构、改善地方教育条件,加强我国发展较为落后地区高中学校的基础教育。

学生资助是一项重要的保民生、暖民心工程。学生资助管理工作,是落实学生资助政策、促进教育公平的基础性工作。近年来各级有关部门和学校采取一系列有效措施,完善学生资助政策,加大财政保障力度,规范学生资助管理,从体制机制上保障"不让一个学生因为家庭经济困难而失学"。但是,学生资助工作仍存在资助对象认定不精准、资助资金发放不及时、发放渠道单一、基础信息管理不完善、监督管理不到位等问题,影响了资助政策实施效果。

---

① 王玉龙,洪世华.数字技术赋能乡村义务教育供给的价值逻辑与实践路径[J].现代教育技术,2024,34(04):80-89.
② 黄丽静,朱敬.我国普通高中建设制度变迁脉络、逻辑与路向[J].教学与管理,2024(10):7-12.

　　我国中等职业教育学生资助政策经历了从人民助学金阶段,到助学金与奖学金相结合阶段,然后到奖学金与贷学金相结合阶段,再到国家助学金与免学费为主的多元化发展阶段,政策体系日益完善。在资助对象上,从普遍性资助向选择性资助转变,"贫困"和"涉农专业"学生逐步成为主要资助对象,"贫困生"精准识别度不断提高;在资助内容上,从单一化迈入了多样化,资助内容日益丰富;在资助方式上,从单一方式演变为多元混合方式,资助方式日益注重人文关怀;在资助主体上,从一元主体发展为多元主体,政府"主要主体"地位不断加强;在资助价值观上,反映了国家宏观政策在公平与效率之间的权衡,也反映了资助政策"激励引导"和"追求充足"的价值诉求[①]。

　　为把好事办好、实事办实,各级有关部门和学校要不断提高认识、压实责任,把规范和加强学生资助管理工作作为解决人民群众急难愁盼问题、落实好学生资助政策的重要抓手,确保精准资助、应助尽助。各普通高中学校收到学生困难申请后,一般要经过以下几个步骤:第一步,对贫困学生资格进行认定,其次对困难学生进行建档立卡;第二步,综合评定困难学生申请资格;第三步,学校领导会议研究决定资助名单;第四步,经学生资助管理委员会批准并公布;第五步,公示无异议后即可发放。从长远来看,能够确保贫困学生能够负担得起上学的费用,确保贫困家庭中的孩子成功完成学业并找到一份好工作,以使整个家庭摆脱贫困和实现致富。这在短期内减轻了贫困家庭的负担。学生资助政策体系既包含了助困功能的政策,又包含了奖优和鼓励引导功能的政策,充分彰显了中国智慧、中国力量,为世界学生资助提供了中国样本、中国方案。

5.4.4　高等教育

　　党中央、国务院高度重视高等教育事业。目前,我国高等教育资助主要包括:国家奖助学金、国家助学贷款、国家励志奖学金、学费减免、师范生免费教育、勤工俭学、"绿色通道"。加快教育现代化,推进教育公平,健全学生资助制度,着力构建资助工作"三全育人"工作体系,是全面提升大学生思想政治工作质量、帮扶大学生成长成才、落实立德树人根本任务的基本导向。在全面建设教育现代化发展新阶段,高校资助工作必须紧紧围绕立德树人根本任务,全面贯彻实施"三全育人"理念,创新高校资助体系,有效提升高校资助育人质量,大力推进教育公平,加快实现教育现代化进程[②]。

①　邱小健,李江楠,邱恬.我国中等职业教育学生资助政策研究[J].华东师范大学学报(教育科学版),2023,41(08):103-116.

②　肖丽,肖蓉.新时代立德树人视域下高校学生资助育人工作创新路径研究[J].湖南社会科学,2022(05):14-21.

为发展较为落后地区学生提供优质的高等教育,使每位贫困学生都能够负担得起。减轻贫困不仅重要,而且从农村人口向城市人口的转移也很重要。上大学通常是山区孩子摆脱贫困的最有效、最直接的方法。大学毕业后,他们不仅可以带动整个家庭,还可以在城市找到一份体面的工作。近年来,从高等教育招生的角度来看,在中西部采取了针对性的录取计划和大学建设。增加发展较为落后地区大专学生的比例和招生人数,建立长期有效机制,确保贫困学生能如愿考上重点大学,享受学习机会。新中国高校学生资助政策根据时代实际需求和不同阶段历史特征不断优化调整,经历了"政府兜底型""多元保障型"和"综合施治型"等不同阶段,呈现出从一元走向多元、从济困走向育人、从保障性走向发展性的总体特征①。当前,教育部将"一村一名大学生计划"升级为"乡村振兴人才培养计划",目前已累计招生 87 万人,毕业 55 万人。同时,教育部继续面向农村和脱贫地区实施高校专项计划,累计招生 82 万人。教育部开展中西部农村订单定向免费本科医学生招生培养工作,累计培养 6.3 万余人;推进卓越农林人才教育培养计划 2.0,支持建设 196 个涉农国家级一流本科专业建设点,加快培养急需紧缺涉农专业人才;继续实施"红色筑梦之旅"行动,对接农户 105 万户,涉及企业 2.1 万余家,共签署合作协议 3 万余项;推动高校新农村发展研究院建设,面向农业科技前沿和国家重大需求领域开展攻关;配合中央组织部开展东部地区对口支援乡村振兴重点帮扶县高中阶段学校工作以及科技特派员工作。在微观具体实践中,其一是注重在入学后帮助贫困学生成功完成学业,为其学习和生活提供更多关注和帮助,保障他们顺利完成学业。其二是认真核查考生户籍、学籍等信息,严防报考资格弄虚作假。其三要强化监督制约机制,严格执行国家、省级、高校、中学四级信息公开制度,畅通社会监督举报和核查机制,切实维护考生合法权益。

高等教育精准就业主要有两个方面:一是依靠社会力量解决高校学生对象就业问题。2014 年 12 月,国务院办公厅发布《关于进一步动员社会各方面力量参与扶贫开发的意见》,提出鼓励企业、社会组织、个人参与通过教育促进精神生活共同富裕的政策,依靠政府政策,资金和税收解决本专科学生就业问题。在政府的指导下,高等院校与企业签订有关合作协议,培养企业所需的特定专业人才。通过高校机构的双选会,企业有进一步详细了解贫困本专科学生的机会,大大增加了贫困本专科学生的就业机会。与此同时,政府出台了相关的激励政策,鼓励各大企业接纳贫困本专科学生就业,在求职前与求职期间对贫困本专科学生进行培训与指导,帮助他们顺利找到对口工作。政府机构和国有企业要加强

---

① 李琼.新中国高校学生资助政策的历史回顾与未来展望[J].福建师范大学学报(哲学社会科学版),2021(05):121 - 130,170 - 171.

对贫困本专科学生的招收工作。二是发展较为落后地区要积极招收贫困本专科学生回到本地创业就业。这不仅可以解决贫困本专科学生的就业问题,而且可以加快发展较为落后地区经济社会的发展。一方面,通过政府政策和财政支持,增加对贫困大学生返回家园和创业的支持;另一方面,通过偿还学费和补助金,鼓励贫困大学生重返乡工作。

5.4.5　职业教育

　　职业教育高质量发展凭借高素质技术技能人才的供给优势,为社会人力资本的提升和经济社会的可持续发展提供了源源不断的动能,助力缩小社会差距和增进人民幸福感,促进共同富裕[①]。面向未来,要进一步补齐职业教育资源短板,打破职业教育上升"天花板",创新各层次各类型职业教育模式,持续增强职业教育吸引力。门槛更低、成本更小、就业通道更为直接的职业教育,不仅点亮了贫困家庭子女的人生梦想,也阻断了贫困代际传递,改写了贫困家庭的命运。职业教育是广大青年打开成功成才大门的重要途径,具有培养多样化人才、传承技术技能、促进就业创业的重要作用,对于农村地区、民族地区、贫困地区来说,尤其如此。让职业教育更好发挥"扶技、扶智、扶志"的作用,为阻断贫困代际传递贡献更大力量,还需要在质量提升、能力提升上作出更多努力。一是精准招生。不同类型的职业学校,按照地区产业发展规划为县级职业学校的发展做出贡献,进而实施有针对性的招生。各种职业学校与公司进行合作,为贫困家庭开设了相关工作岗位。学校根据公司的需求招收贫困学生,为贫困学生提供一站式服务,解决贫困学生读书活动的问题。二是精确帮扶。其中针对两后生免费入学还提供了高额补贴,激励了他们的相关技能,消除了贫穷家庭纯劳务输出的旧途径,并提高了他们的生存能力,从农民转向熟练工人转变,实现了身份的根本变化,使整个家庭摆脱了贫困,并通过就业致富。三是精准就业。在就业方面,政府以政策支持、资金补助、减税等相关措施激励公司为广大贫困学生开通绿色通道,提升贫困学生的就业率。政府优先考虑招聘一定比例的贫困学生,并为贫困学生组织特殊的招聘会,以建立贫困家庭的就业平台,鼓励贫困学生有针对性的就业。

　　落实党中央经济工作会议精神,提高农民工就业创业能力。让返乡人才"回得来、留得住、用得好"是实现乡村振兴的重要保障。基于中国家庭金融调查数据(CHFS),梳理回流人口的工作分化情况,实证分析回流人口工作性质分化的影响因素和影响机制,并进一步研究工作收入分化的原因。研究发现:①外地创

---

①　缪仁亮,潘锡泉.职业教育高质量发展促进共同富裕的内在机理及实践路径[J].教育与职业,2024 (06):90－97.

业经历能促进返乡创业,发达地区务工经历、回流地较好的产业发展水平显著有利于回流人口返乡再就业;②回流地的产业发展主要通过提供非农就业机会促进返乡再就业;③市场环境和政策差异是造成回流人口工作收入分化的最主要因素①。

2014年3月,人力部发布《农民工职业技能提升计划——"春潮行动"实施方案》,2020年6月发布《人力资源社会保障部办公厅关于做好疫情防控常态化条件下技能扶贫工作的通知》文件,指出"春潮行动"技能主要内容有三个方面:一是强调贫困劳动力就业技能培训。指导和鼓励贫困劳动力自觉参与关于农村劳动者专项技能培训,并组织劳动者参加线下培训,政府联合教育与培训机构,重点培训实际操作能力与职业素质。人力资源社会保障部计划每年对700万就业劳动者开展培训,并要求培训合格率90%以上,就业率80%以上,按政策规定对符合条件的职业培训企业给予一定比例的政府补贴。二是突出贫困劳动力岗位技能提升培训。自我发展能力是学生立德成人的一项轴心能力②。给予未摘帽贫困县更大力度的帮扶,对贫困劳动者需求的准确调查,有针对性进行职业技能培训,在企业签订半年以上贫困户合同工也可以参与政府组织的技能水平培训,通过合格培训机构,结合各行业特点与岗位的需求以及科学技术和产业发展对技能的要求,提前对贫困劳动者进行岗前培训和加强在岗贫困农民工技能的培训。人力局计划每年对300万在岗农民工进行培训,要求培训合格率90%以上,按政策规定对符合条件的职业培训企业给予一定比例的政府补贴。三是加强创业培训。发展较为落后地区从当地产业需求的实际出发,对有创业意愿的贫困劳动者进行创业能力培训。人力资源社会保障部计划每年进行100万人次创业培训,要求培训合格率80%以上,创业成功率50%以上,按政策规定对符合条件的创业培训企业给予一定比例的政府补贴。

作为新阶段扶贫开发工作的重要内容之一,脱贫人口稳岗就业不仅成为巩固脱贫成果,推进乡村振兴的重要课题,也是加快构建统一大市场经济体系的重要内容③。"雨露计划"以促进扶贫对象的自我发展能力和改善贫困指标为基础,重点落实财政性扶贫资金和社会力量支持,发展职业教育,开展技能培训,促进贫困人口自我发展。"雨露计划"是一项专门的精准扶贫措施,直接针对各种扶贫目标,通过直接帮扶,引导广大农村学生在九年义务教育基础上继续学习技能培训,使个人的综合实力得到提升,就业机会增加,帮助贫困家庭摆脱贫困。从

---

① 苏芳芳,盖庆恩.谁能返乡再就业——来自回流人口工作分化的微观证据[J].山西财经大学学报,2024,46(01):1-14.

② 涂元玲.培养自我发展能力:抓牢学生立德成人的枢纽[J].中小学管理,2021(08):49-51.

③ 陈红平.易地搬迁脱贫人口稳岗就业服务链构建探究[J].云南大学学报(社会科学版),2024(2):1-8.

2011 年到 2015 年,在云南、广西、贵州等石漠化地区,"雨露计划"资助了河池、黔西南、文山、黔南等发展较为落后地区的在籍学生 124 715 人接受学历教育,学生就业率达到 87.24%～98.0%。70% 的受访者表示,他们的月收入超过 3 000 元,90.63% 的贫困学生认为他们从培训中受益。稳岗就业可以缓解劳务输出地的就业压力,提升劳务输入地的劳动力供应,从而促进劳务协作①。2023 年 5 月,全国"雨露计划＋"就业促进行动推进会议要求各地加大工作力度,完善帮扶举措,确保全面完成脱贫人口稳岗就业各项目标任务。

5.4.6　社会组织

各级政府在主导精准通过教育促进精神生活共同富裕的同时,要与公益性社会组织进行合作,吸引优质资源,结合他们的成熟经验,挖掘新的通过教育促进精神生活共同富裕的方式。社会公益组织在通过教育促进精神生活共同富裕活动的参与主要集中在通过教育促进精神生活共同富裕的资源供给、支教和援助通过教育促进精神生活共同富裕的服务、农村教师培训等方面。当前,社会公益组织参与乡村教育治理面临现实困境,即社会力量参与意识不强,未能形成多元治理格局;乡村教育治理监督乏力,社会公益组织公信力不足;乡村教育治理内部分工不明确,乡村问题分析精准性不够等②。

在长期通过教育促进精神生活共同富裕的实践中,中国教育发展基金会、中国民生银行通过教育促进精神生活共同富裕的基金等大型社会公益组织设立了通过教育促进精神生活共同富裕的长效项目,例如,中国民生银行通过教育促进精神生活共同富裕的基金设立了 3 100 万元专项通过教育促进精神生活共同富裕的项目支持发展较为落后地区,其他社会公益组织也探索不同的通过教育促进精神生活共同富裕。按照不同参与方式来看,社会组织通过教育促进精神生活共同富裕可划分为两种类型。

一是外延式通过教育促进精神生活共同富裕。第一,在我国发展较为落后地区建设和重建学校。社会组织利用自身优势,为发展较为落后地区提供通过教育促进精神生活共同富裕的资源,进一步增加发展较为落后地区的教育资源供给。如捐建"爱心电脑室""爱心音乐室"。第二,学生资助项目。社会组织利用专业能力强和业务特长专的优势,参与通过教育促进精神生活共同富裕的活动。例如,我国福利基金会联合爱心企业,启动了渔业项目,向贫困县学校捐款数千万元。又如江苏省如皋慈善基金会自 2008 年以来的 11 年时间里,为近

---

① 谢治菊,张柏珊.东西部协作务工人员稳岗就业困境与调适[J].中共福建省委党校(福建行政学院)学报,2023(05):98-110.

② 龚露,肖菊梅.社会公益组织参与乡村教育治理的价值、困境与路径[J].教学与管理,2024(03):28-33.

2 000名贫困家庭学生实现梦想,共捐赠了368.5万元。第三,对农村教师的物质激励。社会公益组织进一步加大对农村教师专业生活环境改善的重视。利用社会筹集的资金成立农村教师专项奖励,完善激励机制,提高职业幸福感持久性。例如,TCL公益基金会已投资2 500万元,对坚守在基础教育第一线、敬业、严师的农村优秀教师进行表彰和鼓励。

二是内涵式通过教育促进精神生活共同富裕。基于布迪厄实践理论视角,乡村教师培训具有生成性和博弈性的特征。培训需要立足于乡村教师的既有惯习和乡土立场,处理好场域内和场域间的博弈关系。然而,当前乡村教师培训存在主体迷失和认知错位、联动不足和场域割裂等问题。因此,乡村教师培训应是"重塑惯习—变革场域—反思实践"的过程,即在联动教师个体知识中生成动态思维,在构建协作学习社区中回归乡土情境,在探寻自我中提升实践智慧①。

根据社会调查和通过教育促进精神生活共同富裕的案例数据分析,社会组织结合不同发展较为落后地区贫困学生的特殊需求,开展针对性的帮扶项目。一是教师队伍支持补充项目。社会组织创新教师补充形式,切实加强农村教师队伍。例如,美丽中国支教项目,以"两年轮换制",向教育资源匮乏的地区派遣优质教师,影响发展较为落后地区的教育生态,成为发展较为落后地区优质教育的标杆和示范。二是教师培训项目。社会公益组织设立专门的教育培训机构,结合师范院校对农村教师的培训,对农村学校教师进行培训。三是特定群体的教育项目。社会公益组织为政府公开登记贫困户之外的教育贫困群体设立各类脱贫和致富项目,包括职业教育、幼童教育、留守儿童教育、女童教育等。例如,由阿里女合伙人创办的社会公益组织——红豆湖畔基金会,就以"养育未来"的名义,为农村幼儿(3岁以下)的早期发展设立了公益项目。

---

① 方红,陈铭津.布迪厄实践理论视角下乡村教师培训的实然矛盾及应然路向[J].教学与管理,2024(09):31-34.

第 6 章

数智教育赋能精神生活共同富裕的机遇挑战

6.1　我国通过教育促进精神生活共同富裕存在的问题

数智时代刚刚起步,虽然发展迅速,但其中仍然存在着许多问题需要我们思考。本书主要阐述和分析了在思想理念、技术、人才、资源等多方面存在的问题。

6.1.1　教育促进精神生活共同富裕的理念落后

1)数据驱动教育促进精神生活共同富裕的理念缺乏

调查研究是我们党的传家宝,是做好各项工作的基本功。在新的历史条件下,做实做细调查研究是回应时代之问的必要举措,也是以中国式现代化全面推进中华民族伟大复兴的关键一招。缺乏以调查数据作为促进精神生活共同富裕的有效导向的概念,以及对于在精准扶贫中大量积累的数据缺乏应用意识,是在理念层面导致减贫工作进展缓慢的主要原因。中国精神生活共同富裕思想是在有关部门根据政府间组织收集的资料的基础上,创建相关的主题,广泛开展对策性调研、前瞻性调研、跟踪性调研、解剖式调研、督察式调研,把情况摸清、把问题找准、把对策提实,以此作为精神生活共同富裕工作的指导思想支撑。

虽然精神生活共同富裕工作的成果显著,但其中隐含着一定的主观主义倾向,可能导致理念和决策与实际需要存在一定的偏差。主观主义是对正常学习生活工作的一种极其严重的异化,来源于唯心主义、朴素唯物主义和机械唯物主义,主要表现为教条主义、经验主义、形式主义、官僚主义等①。政府等其他主体对数据的使用往往比较肤浅,对发展较为落后地区的财政援助往往比较简单,没有对数据之间的相关性进行分析,导致通过教育促进精神生活共同富裕效果不太明显。从 1985 年到中国共产党第十八次全国代表大会,被认定为贫困的地区保持在一个固定的量级范围,没有较大的起伏变化。中共十八大提出精准教育

---

① 李启东.主观主义的哲学来源和主要表现[J].中共乌鲁木齐市委党校学报,2021(01):17-21.

理念,使减贫工作更加注重数据,从而极大地加快了贫困人口退出速度。但是利用数据推动教育脱贫和教育致富的科学转型尚未实现。研究、思考、解决问题和矛盾,确定各项事业发展的思路和举措,刻舟求剑不行,异想天开更不行,必须求真务实、实事求是。新时代开展调查研究要善于运用党的创新理论研究新情况、解决新问题、总结新经验、探索新规律,善于运用习近平新时代中国特色社会主义思想观察时代、把握时代、引领时代,不断提高党的执政能力和科学决策水平。

2)"滴灌式"通过教育促进精神生活共同富裕的理念未普及

在过去灌输式通过教育促进精神生活共同富裕取得巨大的成就,但在关键时刻往往无从下手,在某种程度上,它限制了进一步发展通过教育赋能精神生活共同富裕和如何把教育效益进行实际问题的个人通过教育赋能精神生活共同富裕的重要问题之一。仅仅依靠大水漫灌已经难以适应其在新时期所提出的新要求和新目标。与"灌溉"进行教育赋能精神生活共同富裕的过往经验相比,"滴灌"强调更高的准确性和更细致的工作。此外工作人员需要在工作之前接受大量的职业培训工作。因此,必须有赖于精神生活领域数据产业的快速发展,换句话说,因为对于"滴灌"的观念和能力都较为薄弱,缺少现实的可用性才最终导致精神生活的脱贫和致富的事业中缺乏大规模使用数据的紧迫性。在当前脱贫攻坚聚焦深度贫困地区和特殊贫困群体的情况下,通过开展扎实的教育扶贫工作割断贫困代际传递的路径,从而真正消除贫困现象,是全社会普遍关注的问题。我们要通过更新教育扶贫理念、积极推进教育扶贫精细化管理和整合教育扶贫力量,促进教育扶贫工作效果的明显提升①。

3)通过教育赋能精神生活共同富裕对象"自强"的理念未树立

坚定中国特色社会主义文化自信,不仅是时代的标志,也是文化的共同认知,它涉及文化的脉络和国家的命运。中华优秀传统文化代表了中华民族的集体智慧和精神寄托,它为增强中华民族文化自信提供了历史支撑和显著优势。只有将对文化自信的深入研究融入优秀传统文化的建设过程中,才能更全面深刻地理解和掌握中国特色社会主义文化自信的内涵②。核心价值观是一个民族赖以维系的精神纽带,是一个国家共同的思想道德基础。能否构建具有强大感召力的核心价值观,关系社会和谐稳定,关系国家长治久安。

精神生活共同富裕既是中国式现代化的重要特征,也是社会主义的本质要求,还是社会主义文明新形态的核心标识。精神生活共同富裕是全体人民共建共享的、社会生活整体协调推进的、人民精神世界丰盈的总体性富裕。精神生活共同富裕为满足人民美好生活需要厚植了精神底色,为实现中华民族伟大复兴

①　邱利见.精准滴灌:补齐教育扶贫短板的良策[J].人民论坛,2019(34):56－57.
②　钱燕娜.新时代坚定中华文化自信自强之必然性探赜[J].天水行政学院学报,2024,25(02):34－39.

注入了精神动力,为开辟人类文明新形态提供了精神力量①。

参天之木,必有其根;怀山之水,必有其源。我国通过教育赋能精神生活共同富裕中的效果缓慢,一方面是由于引导不足,另一方面是处理问题的能力和紧迫性都相对有限。由于政府的指引和策略缺少集中统一的覆盖推行,因此无法有效地集中利用有效可持续资源解决脱贫和致富的难题。对于部分没有足够的认识水平的群体而言,他们认为放心接受国家的基金支援是理所当然的事,导致资金可能被挪用到其他支出而不能合理利用,最终不能在教育领域得到提升,反而让自己的成长延迟。

发现问题,才能整改问题、提升效能。主要原因有以下几点:第一,动力不足,主动性不强,缺乏信心;第二,精神需求低,导致部分学生缺乏感恩之心,与现代公民的需求相差很大。第三,缺乏信心,没有认识到贫穷并不是一件可耻的事。"人生的扣子从一开始就要扣好",正确的三观还没有得到有效的确立,缺少社会主义核心价值观的熏陶。迈上新征程,以马克思主义科学理论为指导,以中华优秀传统文化为滋养,吸收世界文明有益成果,凝聚和平发展与改革开放时代精神,推进凝魂聚气、强基固本的基础工程建设,必将进一步夯实全党全国各族人民团结奋斗的思想基础,凝聚实现中华民族伟大复兴的精神力量。

6.1.2　通过教育赋能精神生活共同富裕的资源供不应求

1)平均主义影响资源的实际分配

"平均主义"按其历史上的用法,至少存在三种情况。第一种是"自下而上"的诉求,是下层对于上层的诉求或者不满情绪的表达,重要的是对于在生活待遇等问题上的等级秩序和特权的非议;第二种是"自上而下"的导引,也就是在中共领导土地改革、合作化和公社化等生产关系变革的政治运动中,存在的主观指导上、政策上的平均主义;第三种是制度性的问题,触及的是经济体制的问题②。

调查研究是践行党的思想路线的重要工作方法,是党在革命、建设、改革各个历史时期做好工作的看家本领,是关系党和人民事业得失成败的大问题。识别现实标准是存在着极为严重的现实问题,我国发展较为落后地区的教育资源的配置调整的过程中,分配不均的情况依然存在。在教育领域相对资源配额长期与实际需求匹配不足,"惠普"优势能照顾到每位贫困学生的利益,因此构建覆盖城乡、布局合理、公益普惠的学前教育公共服务体系。当下乡村学校家校协同育人面临的三重现实困境:文化资本薄弱,缺乏家校协同共同愿景;经济资本匮

---

①　郭广,李佃来.精神生活共同富裕的核心要义、价值意蕴和实践路径[J].学习与实践,2023(11):13-22.

②　赵修义."平均主义"究竟意味着什么——对不同语境下"平均主义"一词意蕴的辨析[J].探索与争鸣,2013(07):14-21.

乏,削弱家校协同物质基础;社会资本不足,弱化家校协同场域联结①。然而,当前中国学生认定存在很大问题,"惠普"资源配置与实际资源配置不匹配,在精准性通过教育赋能精神生活共同富裕中也还不够,同时也影响对实际情况的清晰认识。随着小康社会的全面建成,共同富裕成为当下中国社会共同关心的议题。要实现新时代共同富裕的战略目标,必须充分认识传统的平均主义观念的本质,厘清共同富裕与平均主义的本质差别②。

2)地方通过教育赋能精神生活共同富裕的投入与需求差距大

实现乡村振兴战略的关键在于发展农村教育,农村义务教育阶段的事权与支出责任分配是影响农村居民长期受教育水平的重要因素。地方教育境况存在师资短缺、基础设施落后、扶贫资金不足等突出问题。从本质上来说都是来自经济层面的不足。教育扶贫的实现离不开教育扶贫资金的有效使用,而加强对教育扶贫资金的监管可以促进教育扶贫资金的有效使用。目前我国在教育扶贫资金的运行与管理上还存在专项资金短缺、监督不够、管理落后等问题,一定程度上阻碍了教育扶贫资金效益的发挥。因此,必须多措并举,逐步完善教育扶贫资金监管体系③。在无法从国家得到足够的财政援助的情况下,经济落后地区不得不自己解决这部分的资金缺口,这将导致发展较为落后地区教育促进脱贫和致富、共同致富的失败概率大大增加。同时,为了收集和改善贫困学生的信息,需要很多人力资源和材料资源,极大地影响当地政府的工作效率,这使得教育赋能精神生活共同富裕的工作更加困难。区县政府作为经费支出总量、市县经费占比以及社会捐献对改善教育公平的作用尤为明显,但财政性教育经费占 GDP 比重对欠发达地区教育公平的影响不具参考意义。为促进教育均衡发展,基于现实状况及责任体制,应严控县区教育经费财政配套要求,支持区县政府教育管理创新,完善支出绩效评价体系与机制④。

3)通过教育赋能精神生活共同富裕的资金筹集渠道单一

实现教育内涵式发展,是我国从教育大国向教育强国迈进的必由之路。而这离不开持续的资源供给,需要多渠道的资金保障。有力的资金保障使我国教育事业取得了显著的发展成就,为经济社会持续健康发展作出了重要贡献。

充足的经费投入是一国教育可持续发展的先决条件。国家资金和地方财政

① 刘婧钰,李孝川.乡村学校家校协同共育的现实困境及突围路径——基于布迪厄资本理论的视角[J].楚雄师范学院学报,2024,39(01):111-117.

② 孙晓春.平均主义与中国传统社会的国家治理[J].四川大学学报(哲学社会科学版),2022(05):183-192.

③ 张明杰,吴荣顺.教育扶贫资金的运行与监管[J].人民论坛,2019(24):156-157.

④ 廖逸儿,原珂.公共财政如何促进教育公平?——基于广东省"基础教育创强"专项资金绩效评价[J].北京理工大学学报(社会科学版),2018,20(06):153-162.

的限制导致发展落后地区无法有效实施通过教育赋能精神生活共同富裕项目。教育赋能精神生活共同富裕资金主要来源是国家财政拨款、地方财政支持、银行贷款和社会组织的支持。如果当地政府财政紧张,无力承担专项资金,具体项目在实施环节将面临无法有效实施的窘境。

当前,由于信息传播不良、教育需求薄弱,大多数贫困山区并未得到各界的重视,教育资助中财政投入比例过高,主要资金依靠国家划拨和地方财政的支持,银行也往往因为经济风险过高而限制其贷款业务。尽管我国教育资助体系的主动脉强劲有力,但若干毛细血管还存在不同程度的梗阻现象,使农村建设和改善的速度总是超不过城市,甚至差距越拉越大,制约了教育事业的发展,成为我国教育强国建设的一块短板,这是一个根本性问题。在城市化快速发展的今天,城市政府不断创新城市建设筹融资方式,如财政拨款、招商引资、银行贷款、上级补助、政府债券、地企共建、集资建设等[①]。因此,必须深刻思考多元化筹资的方式方法,逐步拓展资金来源渠道,推动教育内涵式发展。

6.1.3　数智技术及人才基础薄弱

1)专属通过教育赋能精神生活共同富裕的数智平台有待建立

数字平台具有"场域"属性,是一种商业场域,场域理论在此具有独到的解释力;互动在数字平台中扮演核心角色,是数字平台运行的微观基础;数字平台的场域互动模式包括同场域互动模式、跨场域互动模式和复跨场域互动模式;数字平台的互动模式决定了其治理机制,并呈现出多样化的特点,从而要求有相对应的保障机制[②]。由于数智平台建设刚刚起步,我国数智平台以及其他数智平台当前尚且不能形成具有系统性的运作流程,教育支持措施与数智平台分离,数智技术的重要作用没有得到充分发挥,没有充分挖掘出数智技术的进一步分析和调整的功能。我国数智技术扶贫平台等数智平台的建立为地方通过教育赋能精神生活共同富裕做出了一定贡献,但作用有限。

2)数据挖掘等技术开发应用滞后

数字经济是基于区块链、数据挖掘技术等新兴数字技术发展起来的新型经济形态。数据挖掘技术是实现数字价值化与知识发现的重要手段和核心技术,而区块链技术确保了数据在传输过程中的安全性和高效性,二者共同对数字经济的发展起到推动作用[③]。当前,教育赋能精神生活共同富裕在数据挖掘等技术

---

① 李章忠.城市建设资金来源渠道及运用探析[J].中共四川省委党校学报,2017(02):65-68.
② 舒成利,刘芳颖,赵晶旭,等.数字平台场域互动观的建构研究[J].华东经济管理,2024,38(04):59-71.
③ 袁澍清,王刚.区块链技术与数据挖掘技术对数字经济发展的推动作用研究[J].西安财经大学学报,2022,35(04):54-64.

开发应用滞后。首先,数据收集的广度不足。仅仅是数据层面上的挖掘工作还没有做到位,个人数据尚未收集完全,无法覆盖整个区域的普遍数据以及挖掘个体精神生活的深层信息,导致外部数据收集不足,呈现的信息片面且无用。其次,数据挖掘的深度不够。没有深入的数据挖掘来收集学生对象的精神生活的信息,分析数据之间的相关性,学生的生活、心理等方面的隐藏问题并没有得到进一步的探讨。

3)数智技术人才队伍建设不足

数智技术的快速发展导致了世界范围内数智技术人才的大量短缺。一是数量普遍不足。依据《中华人民共和国国民经济和社会发展第十四个五年规划和2035年远景目标纲要》,制定了"十四五"数字经济发展规划。《纲要》中明确提到了数字经济的7大重点产业,包括云计算、大数据、物联网、工业互联网、区块链、人工智能、虚拟现实和增强现实。数智化人才的质量,决定企业数智化转型升级的质量。但是在短期内弥补人才的短缺可能存在一定的难度。与产业对接,与教育同行,在数智化人才培养的道路上,必须集纳政、行、企、校多方力量,以多方优质资源共享为核心,共建"产学研创"一体化平台,才能提高数智人才培养质量。二是现有数智技术专业人员结构。数智技术专业人士在分析人才的能力存在巨大差距。管理人才供大于求,其中高端人才短缺问题最为突出。三是数智技术及各领域应用复合型人才较少。复合型人才的缺乏与数智技术在中国各个领域的深入应用有关。单纯的数智技术人员无法对脱贫和致富、精神生活共同富裕工作进行深入的数据挖掘和分析,不便的工作也浪费了很多人力。当数智技术应用于精神生活的脱贫和致富领域时,要理解和把握精神生活的脱贫和致富的细节,需要从负责精神生活的脱贫和致富多年的工作经验出发,培育既具有掌握数智技术的能力又拥有专业应对精神生活的脱贫和致富工作经验和能力的人才队伍。

6.1.4　措施精准度不足

1)识别不够全面

乡村治理是国家治理体系中最薄弱的环节、最大的短板、最底层的根基,而其建设的理论和实践指向是治理精准化,其逻辑与现实的枢轴是问题精准识别[①]。第一,认定标准存在一定程度的偏差和问题。乡村振兴战略的实施是破解我国"农业农村农民"问题的根本之策,构建一个可操作、科学的乡村振兴质量动态评价体系,则是更好地评价乡村振兴实施效果、部署乡村振兴各要素有效流动

---

① 侯雅莉,谭涛,周军.问题精准识别:技术赋能乡村治理的逻辑与现实枢轴[J].南京农业大学学报(社会科学版),2021,21(04):50-58.

的重要基础。我国推进乡村振兴战略既要抓速度也要重质量,整齐划一的乡村振兴路径,可能会导致低质量的发展结果①。当前我国对工作对象的认定过于单一,由于工作量的问题,基层工作中依然主要是对经济收入的核实甚至直接采用年收入作为单一的认定方法。第二,对于如何动态调整参与名单存在阻碍。"天有不测风云,人有旦夕祸福",疾病和灾难可能成为精神生活的脱贫和致富道路上的祸端,直接对受教育学生群体正常开展学业造成巨大的威胁和挑战。对于那些边远贫困地区,以及因残疾而丧失劳动力以致无生活来源的地区,还有那些由于自然灾害或遭遇重大事故导致的贫穷,或者从开始就整体收入偏低的家庭,应把他们作为扶持的重点对象。当然,存在一些学校自觉对没有及时纳入名单名录的学生进行补贴。但没有接下来对这部分人群的成因进行深入跟踪与研究,自然也没有继续开展扶持和帮助活动。识别应该是一个循环过程,在动态的跟踪观察基础上进行识别是应有之道,其中的频率和正确性依然需要根据现实情况开展一定的调整和改变。第三,有大量的学生不能得到正常资格认证。依然存在很多留守儿童和流动儿童因为自身所处环境的问题,对接不协调,还没有被国家发现和认定,必须在数智技术发展治理中打好补丁。

因此,在我国精神生活的脱贫和致富及其后来的精神生活共同富裕的运作过程和实践经验中暴露出许多问题:一是数据信息利用率不足。仅仅依靠纸质凭证无法有效克服当前工作特别是认定工作中的信息闭塞,可能造成极大的人力物力浪费。二是如何通过纸制凭证对学生对象进行有效认定。当前学校贫困申请与学生对象生源地没有信息联系,这造成了身份查验过程的重复和错位。重复在于验证的学生街乡、镇、学校各个单位里的层层审核,错位在于学生的认证材料与信息存在作假。在能力提升上,我们为其寻找到能够融合"上级赋能""智库赋能"优势的"技术赋能"路径,以期借助以大数据、云计算、区块链、人工智能、5G 等新技术为代表的新一轮科技革命浪潮带给乡村治理的无限发展潜力,夯实乡村治理的内生和外源基础,为实现制度优势向乡村治理效能成功转化、推进乡村治理体系和治理能力现代化、实现乡村"弯道超车"提供技术支持和智能支撑②。

2)主体不够联动

实现政府治理同社会调节、居民自治良性互动,建构简约高效的基层治理体制是国家治理现代化的重要基础。乡村数字治理接点平台是大数据背景下国家

---

① 邓悦,肖杨.基于精准识别的乡村振兴质量动态评价体系构建:逻辑框架与应用分析[J].宏观质量研究,2022,10(02):62-75.

② 侯雅莉,谭涛,周军.问题精准识别:技术赋能乡村治理的逻辑与现实枢轴[J].南京农业大学学报(社会科学版),2021,21(04):50-58.

数字发展战略落实于乡村的智能高效传递媒介,在国家与乡村之间发挥着承上启下的接点作用。

当前,教育赋能精神生活共同富裕的主体联动性不足。一方面,在治理环节中的各个部分缺乏有效的联系和合作。城镇化水平和市场化程度越高,新型农村社区"三社联动"治理模式越倾向于"嵌入式→融入式→内生式"的转换路径;社区居民参与度越高,新型农村社区"三社联动"治理模式越倾向于"嵌入式→内生式→融入式"的转换路径;受制于不同社区治理能力的差异性,农村社区"三社联动"治理模式也呈现出相互转换的趋势①。由于缺乏统一的教育促进精神生活的脱贫和致富的数智平台及相关平台,多个主体处于"信息孤岛"状态。各方的信息和数据各行其道,在毕业和就业之间就存在工作对接的空档期,这是一个在实践中的难题。另一方面,多方主体合作不密切。校企合作是高校服务国家战略和区域经济发展的重要方式,近年来,高校校企合作创新能力快速提升、重大成果持续涌现,为创新型国家建设作出了重要贡献。中国 985 大学和 211 大学大多与企业形成了合作关系,大部分企业也将在这些大学举行毕业生招聘会,形成良好的校企合作方式。然而,在相对普通的高校中,缺乏正规企业的招聘,校企之间也没有合作,学生主要是在其他高校招聘会或在社会上找工作。同时,短期的校企合作一般以政府为主导,这种合作缺乏主动性,不符合主体之间博弈的结果,并不是长期可行的计划。校企合作是建立在高校、企业以及地方政府之间强有力联系基础之上的,只有这些利益主体在恰当的范围内通力合作,密切联系,既不越界,又不缺位,才能顺利推动合作深度发展,最终形成一个创新资源在不同个体之间共享和整合的创新网络体系。

3)帮扶不够到位

由于缺乏适当的管理,使得帮助计划难以实施,帮助效果难以实现。除此之外,在帮扶措施上也存在不足。一方面,物质帮扶的推动力不够。一些相关部门和个人缺乏对发展较为落后地区的责任心,对于工作的执行不够积极,缺乏主动性和创新性,主要利用财政支持方式对学生进行帮扶,而忽视包括其他更为内源性和深层次的需要,导致责任落实不到位。另一方面,物质帮扶多元化不足。国家对学生对象的资助主要是解决学生上学和吃饭的基本费用,对其他直接物质资助较少,人文关怀有所缺失。目前,既要嘘寒问暖也要创建更多的获得感与幸福感。例如,人类与生俱来的探究自然、创新科技的渴望和冲动,是促进科学发现的最原始动力。针对学生购买书籍的求知欲,应当及时发现学校图书馆专著存在供不应求、版本陈旧等诸多问题,积极克服这些严重影响学生深入学习的现

---

① 申云,潘世磊,吴平.新型农村社区"三社联动"治理:模式转换与创新路径——基于多案例比较分析[J].农村经济,2021(06):87-95.

实困难。

4）培养不够精准

传统培训通常是一种"一刀切"的方法，忽视了每位个体的独特需求。各项新技术的诞生和发展让"个性化"渗透到了我们日常和娱乐生活的各个方面，在学习培训中"个性化""适配性"是员工们最需要、最希望的培训学习方式，也是学习的重要发展方向。

当前有两种主要方式在数智技术精准培训中得到应用：一是通过高校对学生开展专业的系统训练，提供专门定制的学习内容和路径，不仅提高了培训的效率，还增加了个体的满意度；二是学生可以选择自己的课程来培养自己的能力，中国的云课程已经实现了这一点。随着数智技术在培训领域大范围普及的过程中，智能在线培训系统通过个性化、定制化的学习过程，不仅能快速找到自己工作中的薄弱点，也让学生对学习更加感兴趣。然而，这两种培养方法都没有形成科学的个性化培养体系。高校的专业尤其是本科生的专业并没有经过专门的细分，这就导致虽然高校学生的专业学习得到了很多知识，但是对于相关实践领域的知识理解的深度又相当有限，因此极度缺乏能够在就业市场中切实可行的实践能力。

5）管理不够高效

数智技术在脱贫和致富的精神生活共同富裕项目应用包括项目开发、资金流动、监测反馈等，必须确保数智技术帮助在精神生活共同富裕项目的有效实施。但是目前存在以下一些问题。

一是数智技术的数据收集环节较为落后。项目资金由于人工原始操作，其中的不完整性和不真实性为精准化管理埋下巨大隐患。为规范国家重点研发计划资金管理和使用，提高资金使用效益，应当采取从基础前沿、重大共性关键技术到应用示范全链条一体化的组织实施方式，注重加强统筹规划，避免资金安排分散重复。

二是数智技术下的项目审计机制尚未建立。为了谋求事业更加长远的发展，要适应新形势的需要，实现越来越高的审计工作目标。审计管理水平较低是制约我国精神生活共同富裕项目和事业在审计方面发展的一个重要因素。究其原因，主要是教育促进精神生活的脱贫和致富工作的负责人没能贯彻到底、无所作为，导致在项目实施过程缺乏主动且有效的管理和监控。因此，必须努力探索科学的审计管理机制，开展管理创新，不断改进审计管理方法，尽快建立科学的符合现代审计发展要求的审计管理体系。裁判文书检索平台显示，自 2004 年起，国内与扶贫相关的公开裁判文书，总计为 35 869 份。贪污贿赂、侵犯财产、渎职，成为排名前三的案由。在涉案案由分类中，贪污犯罪的判决书占比最多，高达 7 317 份,占总数的 20%。另据国家审计署统计,仅 2017 年,中央拨发的 1 400亿扶贫款中,就有 70 亿被贪污截留。而站在扶贫机构角度,贫困户识别不准确、资金被冒领等现象,也让扶贫工作充满难点。

三是监督环节建设的相对落后。工作对象和学生不知道精神生活的脱贫和致富的具体措施和资金,也不清楚具体的国家项目补助数额,这让发现不公平现象的工作对象没有举报的前期素材。精神生活的脱贫和致富的事业项目必须建立先进有效的监督环节,紧盯立项审批、招标投标、建设管理、项目运行等关键环节,抓住群众反映最强烈、市场主体最困扰、制约发展最突出的问题,加大监督检查力度,为政策举措和工作部署不折不扣落实提供坚强保障。

6)落实机制相对疏忽

提升新时代高校"三全育人"改革实效性,需要探究中国式教育现代化与高校"三全育人"的内在关联,从高校"三全育人"实践中归纳成效、理清问题,明晰主导精神、优化实现路径、完善落实机制,从而打造育人过程贯通、育人资源共享、育人力量汇聚的育人新格局①。因此,教育促进精神生活的脱贫和致富要加强毕业就业工作衔接,推动就业服务提前进校园,将校内就业服务适当向后延伸,加大招聘服务的力度和频次,积极运用互联网、大数据、人工智能等信息技术手段,向毕业生精准推送就业信息,着力平台建设,打造一体化就业服务平台,提高岗位供需匹配效率。精神生活的脱贫和致富工作主要有两个方面,一是工作对象的实际脱贫和致富,二是工作对象自身的就业脱贫和致富。一些高校对对象学生刚毕业时的信息进行跟踪和分析,在就业前或就业后给予一定的经济资助。但是中国大部分大学并没有实施这一政策,体现出我国多主体联动机制的失灵和学生对象培养的失效。

6.2　我国数智教育赋能精神生活共同富裕面临的机遇

作为引领新一轮科技革命和产业变革的重要驱动力,人工智能催生了大批新产品、新技术、新业态和新,也为教育现代化带来更多可能性。数智技术在教育赋能精神生活共同富裕领域的应用是当代社会进步的重要表现。可以说,数智技术正在改变教育赋能精神生活共同富裕,正在改变政府、教育者、学生对象和社会的关系。实践证明,"数智教育赋能精神生活共同富裕"为精神生活的脱贫和致富领域提供了一种新的思维方式,给予学生对象精准识别、精准帮扶、精确实施、精准管理新机遇。与此同时,数智技术在教育赋能精神生活共同富裕实

---

① 徐伟侠.中国式教育现代化背景下高校"三全育人"落实机制研究[J].内蒙古师范大学学报(教育科学版),2024,37(01):1-6,19.

践中的运用中面临着技术创新、数据安全、人才培养等方面挑战。数智时代,要紧抓机遇迎接新挑战,构建数智教育赋能精神生活共同富裕,为我国精神生活的脱贫和致富和精神生活共同富裕实践提供了重要依据。

6.2.1　数智技术使工作对象定位更加准确

现今,数智技术已经成为中国脱贫和致富的一种有效的手段。在以往粗放的脱贫和致富中,家庭困难的群体受到物质、人力等现实条件的限制,基层组织往往采取人工收集和抽样的方式获取数据,这些方式往往导致识别不精准、耗费资源等弊端,导致真正需要帮助的群体得不到及时的帮助。运用数智技术进行脱贫和致富,一方面可以使脱贫和致富的相关部门获取一定的样本数据,更加准确地制定相应的帮扶措施。另一方面,通过为工作对象建档立卡的方式和运用数据手段,保证信息准确完整的同时确保贫困人口的精准识别,并在规定的时间内进行公示,使信息更加公开、透明,能够避免数据遗漏造假的现象发生。

6.2.2　数智技术有利于学生对象的精准帮扶

在乡村振兴背景下,我国需要巩固拓展脱贫攻坚成果,将防止返贫和可持续性精准帮扶作为重中之重[①]。通过数智技术、云计算等现代互联网手段,不仅可以建立学生对象数据库,而且建立教育资源的相关信息库。在使用的过程中不断地更新与完善这两个数智库。一方面,随着国家教育数字化战略行动的实施,我国教育数字化取得积极成效。部分研究以人工数智技术为核心,融合机器学习、自然语言处理、数据挖掘等概念,实现教育资源的智能推荐、智能检索与智能评估,并探索优化数字化教学资源库内容,包括在线作业、教学文档和课程视频等,从数字化教学理念出发,深入挖掘人工数智技术在数字化教学资源库建设中的突出优势,建立健全高校数字化教学资源库运行管理机制,保障高校教学活动顺利开展。另一方面,在教育赋能精神生活共同富裕过程中,根据在脱贫和致富过程中学生对象的不同状况,按照学生对象的不同要求,采取不同的帮扶措施,开展相关的技能培训,充分发挥数智技术优势,不断提高教育专业化与帮扶对象的脱贫水平。因此而言,数智技术对学生对象的教育为脱贫和致富到精神生活共同富裕提供了十分坚强的技术支持和要素基础,推动其实现个性化、差异化、精确化发展。

---

① 　王岚.因教返贫与依教反贫:乡村振兴背景下职业教育可持续性精准帮扶的困境与突破[J].黑龙江高教研究,2024,42(03):142-147.

6.2.3　数智技术有利于规划精准实施

通过数智技术收集了一定样本后,同样重要的是如何因地制宜、因时施策。政府将运用数智技术作为高效技术手段后,依然需要进行合理规划、精准施策。

在我国脱贫和致富手段中,产业脱贫和致富是重要的一种方式,数智技术在产业脱贫和致富工作的融合比数智技术在教育领域的推进更进一步。一方面,场景创新是以新技术的创造性应用为导向,以供需联动为路径,实现新技术迭代升级和产业快速增长的过程。推动人工智能场景创新对于促进人工智能更高水平应用,更好支撑高质量发展具有重要意义。我国人工数智技术快速发展、数据和算力资源日益丰富、应用场景不断拓展,为开展人工智能场景创新奠定了坚实基础。但仍存在对场景创新认识不到位,重大场景系统设计不足,场景机会开放程度不够,场景创新生态不完善等问题,需要加强对人工智能场景创新工作的统筹指导。地方产业借助互联网开展特色的产业项目,如特产、特色旅游景点等,从而帮助贫户脱贫和致富。另一方面,通过数智技术使干部与对象"结对子",结合数智技术的预测方向,可以更有效地实施科学规划。在区块链网络中,节点之间通过网络协议进行连接,其中使用的最常见的协议是P2P(Peer-to-Peer)协议。在P2P网络中,每个节点都是对等的,它们之间可以相互发送和接收数据。在区块链网络中,节点之间的连接是动态的,节点会不断地加入和离开网络。当新的节点加入网络时,它会向其他节点发送请求,要求与其他节点建立连接。如果其他节点同意,则两个节点之间就会建立连接。通过数智平台系统,可以将对象身份信息、服务信息以及资金款项流向信息,记录在区块链上,以解决对象之间的互信问题。

6.2.4　数智技术有利于政府精准管理

我国对大数据驱动政府绩效精准管理的探索,仍面临着基于大数据的政府绩效管理制度缺失、政府绩效信息整合的有效性不高、存在潜在道德风险隐患、大数据相关要素支撑能力不足等制约因素。为进一步推进大数据驱动的政府绩效精准管理,促进政府绩效管理科学化发展,未来应加快大数据驱动政府绩效精准管理的制度建设、推动政府绩效信息的有效整合、构建"回溯性、实时性和预测性"的政府绩效评估模式、强化政府绩效精准管理的大数据要素支撑能力[①]。政府监管是各项国家制度或法律法规得以实施的重要保障,在教育赋能精神生活共同富裕领域更是如此,一方面政府监管可以保证各项信息的准确性与公平性,

---

[①]　翁列恩,杨竞楠.大数据驱动的政府绩效精准管理:动因分析、现实挑战与未来进路[J].理论探讨,2022(01):86–93.

另一方面,政府也可以运用数智平台对教育赋能精神生活共同富裕的工作进行全面系统的管理,确保通过教育赋能精神生活共同富裕的一系列工作良好运行。此外,通过数智平台,可以对脱贫和致富干部进行更加量化的考核,根据考核结果分配工作量。因此,政府可以高效利用数智技术等手段进行精准的考核与监管。大数据技术是促进国家治理体系和治理能力现代化、提高政府绩效管理水平的重要引擎。基于大数据赋能开展政府绩效精准管理是贯彻落实以人民为中心发展思想的题中应有之义、全面整合政府绩效信息的必然选择、推进多元主体参与绩效管理的有效途径以及实时进行绩效问责与激励的实践要求。

6.3　我国数智教育赋能精神生活共同富裕面临的挑战

作为一个新的脱贫和致富领域,"数智教育赋能精神生活共同富裕"虽然意味着新的脱贫和致富机遇,具有重要的现实意义和应用价值,但也面临着技术创新、数据安全等方面的挑战。

6.3.1　挑战一:技术创新

伴随新一轮科技革命与产业变革的深入推进,以人工智能为代表的新一代信息通信技术正成为引领我国经济高质量发展的重要引擎。近年来,人工智能(AI)在技术发展、数据驱动、政策支持等方面取得了显著进展。2024 年,人工智能研究公司 OpenAI 发布了一款名为 Sora 的全新生成式人工智能模型,引发了全球广泛关注。这款技术能够将文字、图像和音频等信息转化为逼真的视频,改变了人们对人工智能的认知,并可能对未来某些行业产生颠覆性影响。Sora 的出现代表 AIGC 技术在视觉内容生成领域迈出的重要一步,其深远影响引发了社会各界对 AI 发展动向与社会效应的广泛思辨。于中国而言,Sora 凸显国外 AI 技术先进的同时,亦暴露了中国在全球 AI 竞争中的技术创新短板[①]。在惊叹于人工智能突破性进展的同时,我们需要审视背后的伦理挑战。例如,Sora 生成的视频可以以假乱真,这既有艺术创作的可能性,也有造假欺骗甚至颠覆现实认知的风险。

我们国家仍存在着数智教育赋能精神生活共同富裕的精准度不够、完整性不足等现象,由于数据在传输过程中会产生一定的损耗,并且时有数据失真的现象发生,如何克服这些情况成为我们的技术困难。简而言之,这些类型的数据,查询、处理和分析是我们必须要克服的技术,以便能够获取大量依赖的数据源。

---

① 何静,董君亚.Sora 引发的媒介革命:中国 AI 面临的挑战与应对[J].阅江学刊,2024(3):1 - 9.

技术创新不仅是数智教育赋能精神生活共同富裕面对的挑战,更是当前社会环境下需要面临的挑战。因此,数智教育赋能精神生活共同富裕必须适时开展跨学科探索性研究,重点布局大数据分析、高级机器学习、类脑智能计算等跨领域基础理论的研究,推动人工智能与更多基础学科交叉融合,攻破更多人工智能前沿科学难题,夯实人工智能发展应用的根基。

6.3.2　挑战二:数据安全

随着人工数智技术的发展,全球进入"数据驱动"时代,数据流动创造价值的同时也带来日趋严重的安全危机。针对以数据滥用、数据泄露、数据污染为代表的数据安全事件,亟须通过建立全面、科学、有效的数据安全风险防范体系加以解决[①]。数智技术在教育赋能精神生活共同富裕领域带来了许多便利,但是也引发了隐私担忧。由于数智技术的复杂性和与互联网的紧密联系,数据泄露的风险也随之增加。由于技术手段的不完善,教育赋能精神生活共同富裕的数据容易被黑客等不法分子攻击与篡改,这些数据存在被用于网络诈骗、网络信贷等不法用途的威胁。数智技术具有深度的利用价值,需要大量的数据来进行训练和学习,这涉及个人隐私的泄露,加上获取手段越来越便捷,这些信息可能被用于商业目的或被黑客攻击。一旦个人数据被盗取或滥用,将对个人的生活造成严重影响。但是当前数据管理者无论是在数据保护、使用还是相关法律法规上的保护都涉及不多。因此,数据保护成为数智教育赋能精神生活共同富裕的一个大挑战,必须积极构建、完善人工智能发展的标准、规则和制度安排,优化人工智能发展的顶层设计。加快完善人工智能发展应用的法律法规,全面保障人工智能应用的经济、社会、法律和伦理安全,实现人工智能促进经济高质量发展和高水平安全的统一。加强对违法行为的打击力度,加强技术保护措施,确保系统的安全性,确保违规者受到严厉的惩罚,推动智能系统对于民众使用的透明度和可解释性。

6.3.3　挑战三:人才培养

在数智教育赋能精神生活共同富裕进程中,想要可靠地完成必须依靠人才的技术支撑。对目前来说,关于大数据、云计算、物联网、人工智能等领域的技术人才的培养,政府的意识是远远不够的,培养目标也不甚清晰,技术人才培养专项资金存在短缺,导致在"数智教育赋能精神生活共同富裕"工作中有关数智技术及相关人才短缺。换句话说,如果将"数智教育与脱贫和致富"每一个环节构

---

① 蔡莉妍.数字经济时代数据安全风险防范体系之构建与优化[J].大连理工大学学报(社会科学版),2024(3):1-8.

成的数智集比作狮子,那么政府应该提供能够驯服"狮子"的驯兽师,这意味着数智教育与脱贫和致富的实践需要专业的技术人员。因此,数智教育赋能精神生活共同富裕不仅需要工具技术,更需要专业化的人才培养。

必须加强人工智能领域的人才培养和人才引进,强化人工智能发展的人才支撑。一方面,加大对高端人工智能人才的精准引进力度,重点引进大数据分析、机器学习、类脑智能计算等国际著名研究团队和高水平研究专家。另一方面,建立和完善适应人工智能产业发展的教育培训体系,形成更加完整、连续的人工智能人才培养体系。

6.3.4 挑战四:管理决策

"数智教育赋能精神生活共同富裕"一个很重要的体现就是"数据决策",用数智技术取代部门领导的经验决策,使决策更加科学可行。与传统经济场景相比,数字经济场景具有参与人的异质性和多样性、市场影响因素的复杂性以及市场状态的动态和非均衡性等特征。有效利用数字经济运行过程中所产生和积累的大量数据,开展数据驱动的行为决策和机制设计研究,有利于深度理解数字经济场景,特别是网络交易平台等场景下个体和群体的决策机理,进而指导设计与完善市场机制和监管措施,为我国的数字经济健康发展提供支持。

能够在一个组织内做出重大决策的人,基本上都是典型的有能力的人或具有优秀专业技能的人。目前,教育赋能精神生活共同富裕的数智技术比较有限且成本不低,有些发展较为落后地区没有数据,有些发展较为落后地区的数据已经严重"失真",许多发展较为落后地区数据无法连接起来。从更深的角度看,在数智教育赋能精神生活共同富裕过程中,要充分运用数据带来的信息,进而制定更合适的管理决策。

6.3.5 挑战五:资金投入

在实际工作中,不管是哪一项现代信息手段的开发利用,包括大数据、云计算等,都离不开大量资金的支持与投入。在数智教育赋能精神生活共同富裕中,项目的资金来自公共财政,项目基础设施的完善、技术的研发、数据的处理等都需要庞大的资金,并且社会组织的热情不够高,政府给予社会脱贫和致富相关社会组织的政策不够完善,存在资金缺失的现象等问题,这些都给数智教育赋能精神生活共同富裕的各个方面工作带来了巨大挑战。

因此,在数智教育赋能精神生活共同富裕进程中,必须重点构建新一代人工智能关键共性技术体系,着力打造以国产芯片为主体的生态圈和产业链,构建自主适应环境的人机智能系统及支撑环境,不断完善我国智能科技创新生态系统,建立以科技创新企业为主导,供应链、产业链、服务链和创新链深度融合的创新联合体,全面提升资金来源路径,让精神生活共同富裕事业能够利用的发展资源充分涌流。

第 7 章
数智教育赋能精神生活共同富裕的模式构建

7.1 数智教育赋能精神生活共同富裕的构成环节

本书运用系统理论和方法,深入分析了数智教育赋能精神生活共同富裕的各个构成要素,明确主体、对象、技术、措施、资金和政策;在此基础上,根据数智教育赋能精神生活共同富裕构成要素的相互影响、相互作用,结合我国教育赋能精神生活共同富裕的具体实际进一步剖析各个环节,构建数智教育赋能精神生活共同富裕,分析数智教育赋能精神生活共同富裕的四类具体目标,分别是职业教育、区域教育、信息化教育和多层次教育目标;最后总结数智教育赋能精神生活共同富裕的途径智能化、过程高效化、措施精准化、数据可视化四个具体特点。这些问题梳理直接从理论上构建了数智时代相适应的教育赋能精神生活共同富裕。下面先从构成要素分析。

7.1.1 确定教育赋能精神生活共同富裕主体

治国以教育为先,教育治理现代化不仅是社会治理现代化的重要组成部分,更是赋能精神生活共同富裕的关键途径。精神生活共同富裕不仅是物质富裕,也包含精神富足。以精神生活共同富裕引领公共文化治理更能凸显治理的民生性、均衡性以及效能性,这对公共文化治理的主体、理念、内容、制度、结构、效能都提出了全新的要求。当前,我国公共文化治理虽然已取得令人瞩目的重大成就,但仍面临服务供给与精神文化需求匹配性有待提升、公共文化资源均衡性有待改善、文化治理主体协同性有待发展、公共文化秩序规范性有待完善、公共文化投入协调性有待增强等现实困境[①]。建设学习型大国的基本方向是要让更个性化、更优质的终身学习,更好更公平地惠及 14 亿人民。教育赋能精神生活共同富裕主体是利用数据化信息实施精神生活共同富裕相关措施的现实对象,主

---

① 黄意武.精神生活共同富裕视域下公共文化治理的转向、困境与适配[J].中州学刊,2023(12):70-76.

要有政府、学校、社区以及社会组织四个。

社区是指一般意义上的村庄或者是城市社区。精神生活共同富裕现代化基本单元是推进精神生活共同富裕先行和省域现代化先行从宏观谋划到微观落地的变革抓手、集成载体、民生工程、示范成果。这项工作既是改革创新，又是发展目标，更是民生福祉。社区教育是终身教育体系构建和学习型社会建设的重要组成部分，亦是在所有教育形式中，最为充分体现教育服务可覆盖"从摇篮到拐杖"各年龄阶段、各类群体的。社区中的每个群体，都有着不同的工作生活环境，形成了迥然不同的学习特点，对学习的类别、时间、方式等有着多样化的诉求，继而从学习内容、学习方法、学习空间等各方面对终身学习提出了不同的需求。作为推动精神生活共同富裕从宏观到微观落地的重要载体，未来社区被赋予了更多的内涵和更高的要求。由于社区的村干部或者社区干部是一个地方选出来代表自己利益的人，同时人们在一个社区中具有相同的文化、公共设施、人际关系等，当由区（县）—乡镇（街道）—社区（村）构成网络，就能为实现社区居民人人、时时、处处皆学提供"深厚土壤"。因此社区作为与工作对象接触最直接的群体，对学生对象现实状况及其家庭具体情况有最为直接的了解和认识。社区主要功能就是收集真实的学生对象的家庭信息，依赖社区覆盖面和服务能力的大规模提升，真正把学习资源输送到百姓手中，确保学生对象在早期阶段的准确识别，更好惠及全社会各类人群。

实现精神生活共同富裕，是一场广泛而深刻的社会革命和历史变迁。公平正义一直以来是人类的崇高追求。但在人类迈向现代化的过程中，如何能够既实现经济不断发展又维护社会公平正义，是一个极大的政治难题。精神生活共同富裕的外在表现之一就是追求社会公共利益最大化，也必须在我国国家安全和社会稳定的总体布局的基础之上才能得以实现。精神生活共同富裕的政策实践的根本理论源泉是中国特色社会主义的精神生活共同富裕理论。对精神生活共同富裕面临的各种关系的调整，诸如国家、社会与个人的关系，富者（先富）与贫者（后富）的关系，城乡之间的关系，区域之间的关系、群体之间的关系等，革新了社会调整机制和方法，更多地融入了公平与效率、自由与平等、致富与共富、私益与公益等价值平衡的辩证法，为追求和实现公平正义的政治价值强化了精神动力，使公平正义的政治价值对绝大多数人民群众来说更具有现实性、可及性，使中国式现代化朝着善治的方向变革。

完善的教育机制是教育治理体系与治理能力现代化的保障，为教育助推精神生活共同富裕提供重要基础与跃升支撑。学校是我们人类想要延续下去的必要存在，可以说这是一种本能的产物。学校是教书育人的功能地方，在学校构建的教学环境中，教师"宣讲解决谜题的方法"，学生"不耻下问"，不仅学习科学文化知识,更重要的是学习怎么样成为一个符合社会伦理道德标准要求的青年,因此教育者和受教育者共同创建了"学位"这一文化伦理传承的神圣场所,成为民族国家和现实社会的未来之源。

和衷共济,积善成德。社会组织是党和政府联系人民群众的桥梁纽带,是社会主义现代化建设的重要力量,是参与第三次分配、建设精神生活共同富裕示范区的重要主体。社会福利组织的"慈悲之心"是这些组织得以成立并迅速发展的原因。特别是要为低收入者、农民、农民工、下岗失业人员等群体及其子女需要更多更公平的受教育机会。通过教育促进代际流动,能够使每一个人都有人生出彩的机会,都有梦想成真的希望。公益慈善是党领导下的崇高事业,是中国特色社会主义的重要组成部分,是赋能精神生活共同富裕、助力推进中国式现代化的"温柔之手"。社会福利组织目的不是为了赚钱,而是为了帮助那些真正有需要的人,这是符合我国中国特色社会主义制度要求的,也是有利于中国特色社会主义现代化发展的。必须以数字化改革为牵引,以系统思维、整体观念谋划社会组织工作助力推进精神生活共同富裕提供了更广阔的平台、更丰富的内涵、更高效的手段,抓住关键环节,把握推进节奏,构建多跨应用场景,着力破解教育领域的难点、堵点、痛点,解决学生对象物质贫困和精神匮乏的问题,全面提升社会组织扶持培育教育发展的整体效能。

7.1.2　确定教育赋能精神生活共同富裕对象

赋能精神生活共同富裕,我们既要提供良好的物质条件,又要提供良好的精神环境。实现精神生活共同富裕与促进人的全面发展是高度统一的。学生对象作为通过教育促进精神生活共同富裕的参与者,是数智技术赋能的主要来源。我国实施教育精神生活共同富裕的主要目的就是为了让学生对象可以正常生活、学习以及就业。必须坚定促进人的全面发展立场,引导青年学生努力成为德智体美劳全面发展的社会主义建设者和接班人。

我国当前通过教育促进精神生活共同富裕的工作重点是职业教育。职业教育作为与经济社会发展联系最为密切的类型教育,是国民教育体系和人力资源开发的重要组成部分,是培养多样化人才、传承技术技能、促进就业创业的重要途径,在助力高质量发展、推动精神生活共同富裕中发挥基础性、战略性支撑作用。现代职业教育为乡村振兴、现代制造业、现代服务业、战略性新兴产业等提供了复合型人力资源保障,推动技术升级、市场升级、管理升级,源源不断地将先进的科学技术和机器设备转化成现实生产力,创造丰富物质财富。职业教育注重培养学生的职业能力,是现今解决我国学生对象和贫困问题的重要途径。现代职业教育为来自农村和城市低收入家庭学生等困难群体提供高质量、实用型学习教育机会,提升技能和文化水平,点亮他们青春梦想,畅通其向上流动通道,有效阻断贫困代际传递。高职学生对基础知识的掌握比较差,但实践能力比较强,就业意愿比较高,比较容易学习实际操作。职业学校对学生的培养要立足于学生对象的利益、市场的实际需求和当地的需求。通过提供高质量、多层次的职业素养和技术技能培训,实现专业与产业的精准衔接,人才与岗位的高度匹配,能够助力更多学生对象通过自身奋斗跨入中等收入群体行列,推动实现全体人民精神生活共同富裕。

在就学期间,职业技术学院的学生对象对于精神生活共同富裕具有多样化的物质生活需求和精神生活需求。精神生活共同富裕是全体人民的富裕,是人民群众物质生活和精神生活都富裕。坚持物质富裕和精神富裕的统一,是实现全体人民精神生活共同富裕的应有之义,需要齐抓共建、相互促进、同向发展。青年学生的价值取向决定了未来整个社会的价值取向,他们对精神生活共同富裕的态度和认识,事关精神生活共同富裕的价值导向,事关第二个百年奋斗目标能否正确实现。学生对象的需要有很多,主要有物质、能力、心理、文化等,只有生活条件得到了相应的满足,学生对象才会想着去追求更高层次的需求。物质需求则是学生对象的普遍的最基本需求;能力需求是指学生对象在职业技能培训中遇到了一定的障碍从而产生的一种需求;心理需求主要是指有心理问题,从而需要他人帮助的学生对象的需求;文化需求是指学生对象由于没有办法获取文化知识培训的机会而产生的需求。

另外,在教育后就业的环节中,职业技术学院的学生对象对于精神生活共同富裕的主要要求可以凝练为公平这一概念,也可以分为物质公平和精神公平。物质公平是指可以为自己提供生存和学习所需要的最基本的物质,而不是一定要与他人比较的这种公平。精神公平是指不会受到学校或是其他社会组织的特殊的对待,他们要求与非学生对象要有同等公平的待遇。

7.1.3 建立教育赋能精神生活共同富裕数智平台

教育赋能精神生活共同富裕数智平台整合了教育与精神生活共同富裕的各种相关信息资源,围绕教育赋能精神生活共同富裕的相关政策,构建教育数智技术脱贫和致富的综合管理系统,利用数智分析技术结合调查摸底基础信息精准到村、到户、到人对学生对象进行有效充分的精准化识别。迄今为止,"教育脱贫和教育致富数智技术"的基础依然是教育数智技术脱贫和致富的平台,为教育精神生活共同富裕的工作和事业在存储、管理、查询、分析等阶段提供资源和服务,成为数智教育赋能精神生活共同富裕不能缺少的一部分。

第一,教育赋能精神生活共同富裕的数据来源的环节主要包括手工信息收集和输入、现有数据库的信息整合、实时数据信息的更新和调整等。在收集数据的初期，人工采集和人力操作是使用数智技术的主要方式，其优势主要在于数据来源比较直接，处理环节能够较为直接，能够有效地掌握学生对象的具体状况。不足之处是，在数据收集前期就需要消耗大量的人力物力，可能影响政府其他部门的日常工作，让政府工作人员的工作"百上加斤"。另外，针对现有数智技术的后台数据库的信息整合及日后的更新调整需要专业技术人员的合作参与，从政府部门、各级学校以及相关社会组织中对学生对象相关信息进行收集、整理、清理、转移到教育脱贫和教育致富平台数据库中。

　　第二，数智技术在教育脱贫和教育致富数智平台中的应用主要有以下几种，即数据挖掘、云计算技术、机器学习等。首先，云计算通过高速网络将大量独立的计算单元相连，提供可扩展的高性能计算能力。云计算平台能够根据用户的需求快速配备计算能力及资源，每秒可执行 100 000 次。云计算的主要特点是：资源虚拟化、服务按需化、接入泛在化、部署可扩展、使用可计费。如何提高数据的更新速率以及进一步提高随机读速率是未来的数据管理技术必须解决的问题。其次，机器学习是让计算机像人类一样学习和行动的科学，通过以观察和现实世界互动的形式向他们提供数据和信息，利用已有的经验来优化系统本身的性能，以自主的方式改善他们的学习，主要算法有 BP、卷积神经网络和深度学习算法。而通常所说的深度学习算法，是指在深度神经网络的基础上，进一步求解特征表达的机器学习。其次，数据挖掘功能用于指定数据挖掘任务中要找的类型。数据挖掘是 KDD(从数据库中发现知识)中通过特定的算法在可接受的计算效率限制内生成特定的一个步骤，是当前最基本的数据分析方法，现在已经得到了学术界的普遍认可。数据挖掘任务一般可以分为两类：描述和预测。描述性挖掘任务刻画数据库中数据的一般特性，而预测性挖掘任务则在当前数据上进行推断，以进行预测。目前，人们通常在数据挖掘中使用分类、优化、识别和预测技术，它的主要功能有：估算——通过学生对象的消费方式估算学生对象的经济状况；预测——通过学生对象的某些行为可以预测到学生对象的发展趋势；聚类——相同特点的学生对象班级聚类在一起。最后，可视化是利用计算机图形学和图像处理技术，将数据转换成图形或图像在屏幕上显示出来，再进行交互处理的理论、方法和技术，主要分为以下三个分支：科学可视化、信息可视化、可视分析学。

　　第三，数智技术在教育脱贫和教育致富数智平台中的操作系统页面设计。由于操作系统的页面设计是用户导向的，这里的用户主要是指教育促进精神生活共同富裕的主体，操作页面主要包括四个方面：登录页面、信息查询页面、信息分析页面和信息管理页面，满足用户对相关信息的查询、分析和管理，为用户提供数字化信息。

7.1.4　明确教育赋能精神生活共同富裕措施

教育赋能精神生活共同富裕措施是指教育精神生活共同富裕的主体为了解决区域和群体之间发展不平衡不充分问题而采取的一系列活动,按照过程目标和实际经验可以将一系列措施分为识别、管理、援助、培训、博弈五大类。

识别指的是依据一定标准从所有学生中识别出学生对象,这是教育赋能精神生活共同富裕的基础。目标检测任务包括确定图像中存在某些对象的位置,以及对这些对象进行分类。识别技术与人工智能的融合可以让机器辅助人工进行数据采集、分析,为教育赋能精神生活共同富裕的工作提供足够的安全保障和良好的用户体验。例如人工智能通过更普遍地采用多模态生物识别技术(即多种以上的生物识别技术结合使用)为用户带来更便捷的操控体验,减少用户二次确认概率,有效拦截照片、面具、视频等手段,从而加强服务供给、提高运营效能,确保用户信息或数据安全。

管理在教育赋能精神生活共同富裕中起着协调作用。教育赋能精神生活共同富裕项目的管理主要体现在对学生信息、项目资金、运作工作、实施监督等程序的收集和管理。未来将是数字化的世界,所有工作都需要数据支持,都需要"智能决策"。这种智能决策,是指利用各种技术手段,在动态和多维信息收集的基础上,在问题识别、方案生成、信息收集、结果预测和行动反馈等决策步骤中得到全方位的帮助,对复杂问题自主识别、判断、推理,并做出前瞻性和实时性决策的过程,具备自优化和自适应的能力。

援助是从规避外部性和失灵的角度认识统筹政府功能与市场机制的关系,对教育精神生活共同富裕的具体分配进行调节和保证。从协调公平和效率的角度认识统筹政府功能与市场机制的关系。精神生活共同富裕本身隐含着生产力和生产关系的双重意蕴,"共同"隐含着生产关系,而"富裕"则隐含着生产力。一方面,要通过人工数智技术融入市场机制的优势,优化资源配置,持续促进生产力发展,奠定精神生活共同富裕的物质基础;另一方面,更好发挥数智技术在政府调节过程的有效性,为赋能精神生活共同富裕提供重要制度和政策保障。

培养是指对学生对象的心理素养、知识学习和职业技能等进行培训培育。学生对象的培养是一项很重要的内容,随着数智时代的到来,学生对象的培养应该被放在优先位置。通过数智技术将原有的视频、音频、图片、文本等大块的知识内容拆解为针对现实问题的小块知识点,这些知识单元和知识点形成的碎片化知识,既能有效地帮助学生对象解决具体问题,也能够降低学生对象的认知难度和学习压力,让其学习更加轻松。

博弈是指由于教育赋能精神生活共同富裕主体之间存在的利益冲突,为了获得有利于自己的利益采取不同的策略行为,形成了各主体之间的博弈,这在很大程度上将会对教育赋能精神生活共同富裕总体上的实际成效产生重大影响。博弈智能作为一门新兴交叉领域,其融合了人工智能和博弈论各自方法的优势,通过对博弈关系的定量建模进而实现最优策略的精确求解,最终形成决策智能化和决策知识库。一个典型的多智能体系统(MAS)是由多个智能体组成的博弈系统,其中每个智能体均在决策上具有一定独立性和自主性。博弈智能旨在对复杂动态多智能体系统内的各智能体之间的交互关系进行建模,实现对不同博弈参与方最优目标或策略的有效求解。

7.1.5　落实教育赋能精神生活共同富裕资金与政策

资金和政策是数智教育脱贫和教育致富的两大载体,对数智教育脱贫和教育致富措施的成功实施起着至关重要的作用。经济基础决定着教育赋能精神生活共同富裕的力度和数智技术的发展速度。特别是我国对学生对象的援助仍以经济援助为主,如果经济不跟上,教育与脱贫和致富就很难实施。例如,我国边远山区曾出现挪用教育资金的事件。一方面是由于地区领导和当地民众对教育的重视程度不高,另一方面也是由于当地无法将教育赋能精神生活共同富裕与其他四类区别开来的结果。充实的经济基础能够使得学生对象具备像其他学生一样没有压力地享受同等受教育的权利。

数智技术的初期发展需要大量的资源投入,但是这并不能够阻挡得了数智技术未来的发展方向。据中国信息通信研究院发布的《中国数字经济发展白皮书(2021)》显示,2020 年我国数字经济规模达到 39.2 万亿元,占 GDP 的比重为38.6%。并且,数字经济的增速 9.7%,保持高位增长,是国民经济的核心增长极之一。近年来,数智技术在商业领域发展了多种应用,但在教育领域仍是罕见的。要想初步建立数智技术,需要大量的人力物力的支撑,将数智技术发展政策和资金支持落实到位,推进数智技术的发展策略和在教育脱贫和教育致富途径的相关政策双重实施,形成双螺旋的发展稳定结构。

7.2　数智教育赋能精神生活共同富裕的着力方向

数智时代通过教育赋能精神生活共同富裕的运作主要指顺应当前数智技术融入社会发展的各个领域的现实情境下,基于数智技术快速扩充的"工具箱",有效利用数智技术特别是数智平台等相关应用独特功能,包括但不限于数据处理、数据分析、智能交互、区块互联乃至于元宇宙开发等,运用于现实工作中的预测、预案、决策、监测等环节,以实现帮助推进精神生活共同富裕事业的有效进展,从而达到教育促进精神生活共同富裕的最终目的。在精神生活共同富裕理念的精准指引下,数智教育赋能精神生活共同富裕的应用的基本框架主要包括智能识别、智能联动、精准帮扶、智能培养、智能管理和智能博弈这六个相互联系的模块构成。

7.2.1 智能识别

在很多场景下,数智技术不仅可以表现出智能,甚至可以显得比人类更有智能。现实世界里的证据都是"块结构"的,即不可拆分的完整一块。一个证据就是"一个整块"。人工智能介入事实认定的第一步,是供给人工智能可分析的数字化信息,即将学生对象的信息转化为数据。因此,学生对象的准确识别是数智教育赋能精神生活共同富裕第一步,显得尤为重要。只有早期数据收集工作能够顺利完成,之后数智技术的运用才能准确有效。

1)识别范围更宽泛

人工智能的解决路径是运用智能识别技术。这项技术在人脸识别、指纹识别等领域的应用已日趋成熟,其基本技术要素包括:基点检测、关键点定位、特征提取、向量集成、相似度排序、图形反馈与矫正等。学生对象的身份识别是根据当地日常居民信息及精准扶贫等工作留存的数据进行筛选的。虽然可以较为简便地、整体性地识别和分类整个地区需要参与到教育赋能精神生活共同富裕工作的学生对象,然而由于我国的外来务工人员数量庞大,许多儿童已经成为外来务工儿童或留守儿童,无法通过正常的建档方式加以帮助。通过网络信息共享,数智技术综合监测技术可以全面覆盖分析研究区域内整体情况,有效地从众多样本中识别出学生对象。

2)识别方式更科学

随着计算机硬件、互联网、大数据的发展和深度学习的广泛应用,识别作为人工智能的一个重要分支,其方法不断更新发展,并已在许多领域中被推广应用,关注度与日俱增。事物发展具有一定的连贯性,即事物过去随时间发展变化的趋势,便是未来事物随时间发展变化的趋势。以前对于工作对象的鉴定都是来自讨论的结果,认为的鉴定主观性较强。效率的评估和衡量需要考虑绩效指标和度量标准。设定明确的目标和衡量指标,可以对效率进行量化和评估,以确定是否达到预期效果并持续改进。为了让工作对象的贫困程度被更好地量化,可以引入更为复杂、精确和客观的剥夺系数,运用各种定性和定量的分析理论与方法,对现实状况和发展趋势进行分析,根据不同权重对每个地区个体指数进行分析,直接观察其增减变动情况及变动幅度,考查其发展趋势,预测其发展前景,进而对学生对象及其家庭的把握更加具体、直观。但是在另外一些场景,对于人类智能轻而易举的任务(如说谎、幽默、暗讽、隐喻、道德判断等),对人工智能来说,却是异常困难,因此在日常运用和将来的技术发展需要得到有效补充和渐进发展。

3)识别效率更高质

效率是指在给定资源和时间的限制下,完成任务或者实现目标的能力或者水平。它强调最小化资源浪费的同时,以最高的产出和质量完成工作。数智技术识别本来就是一项比较常规的机器活动。目前由于深度学习结合大数据所提供的强大功能,使得人工智能领域在图像识别、语音识别等方面的精度得到了大幅提高。

一方面,资源利用效率提升。效率强调如何在有限的资源条件下充分利用这些资源。无论是时间、金钱、人力还是物质资源,都需要合理分配和有效利用,以实现预期的目标或完成任务。数智技术融合教育赋能精神生活共同富裕的应用中,通过包括智能感知、决策、学习和感知协同的灵巧动作能力在机器学习和数据挖掘中发挥作用,准确有效及时地记录学生对象经济状况、教育状况、健康状况等现实境况。另一方面,成果产出不断丰富。效率关注的是在资源利用的基础上,所能获得的产出和成果。它强调以最小的成本或资源消耗,实现最大化的产出和价值。无论是工作的完成情况、产品的质量还是服务的满意度等,都需要在有限的条件下达到最好的结果。人工数智技术构建的数智平台,能够对学生对象定期进行监测和分析,并对那些随着发展过程不符合标准和条件的人设置预警机制和退出机制。

效率涉及对工作流程和操作方法的优化和改进。通过评估和优化各项工作中的步骤和环节,减少冗余和重复劳动,可以提高工作效率并节省时间和其他资源,减少工作带来的压力和焦虑感。现在的识别和智能系统在识别的可解释性,对结构和语义的解释,说明为什么是或者不是某一类别以及鲁棒性,即对模糊和噪声、信息缺失的稳定性等方面表现明显不足。而小样本泛化性、自适应性、可解释性、鲁棒性恰恰又是人脑的长处。

4)识别结果更准确

识别结果的准确性是整个教育精神生活共同富裕实现过程中实现公平公正的关键所在。提高数据准确性的最佳方法之一是从更高质量的信息开始,如果希望为精神生活共同富裕工作带来任何有意义的结果,就必须注意数据的准确性。质量差的数据将导致不可靠和可能有害的结果。

数据不准确的常见原因是部门之间不一致。部门之间在格式和标准上的差异可能导致重复或不一致。如果多个团队中的人员能够访问相同的数据集,则其输入可能会有差异。教育脱贫和教育致富数智平台可以实现相关部门之间最大限度的信息共享和资源共享,更好地应对工作量和时间压力,防止信息收集过程中出现人为失误或差错,使识别过程更加透明,识别结果更加公平,让可能存在的隐藏污垢一目了然、无处遁形。组织可以通过规范谁有权访问数据库来防止这些错误,最大限度地减少数据库的可访问性,使追踪错误的来源和提高安全性更加容易,同时标准化数据输入方法以降低重复的可能性。

数据不准确的另一常见原因是工作流程的混乱。在将信息编译到数据库后,团队必须在任何分析过程中使用信息之前对它进行清理。这将删除先前步骤未阻止的任何错误。一般来说,数据清理工作流程应遵循四个基本步骤:检查、清洁、验证和报告。当前,识别学者从脑科学和神经科学上寻找新的借鉴,发展新的类人感知和认知机理的识别学习理论与方法,降低了信息运行的成本,协调各方的目标,实现资源的最大利用。

7.2.2 精准主体

1)多元主体共治联动

在教育脱贫和教育致富这个过程中,我们必须引起多元主体联动的重视,建立相对应的立体保障机制。合作治理理论指出:政府、社会组织和居民自身都可以成为参与基层社会治理的主要力量,多元主体在合作参与社会治理时具有自愿参与、互利共赢、资源共享和共同努力的特征。国家主体负责对学生对象进行教育与资助,包括政策制定、重大专项资助和维护教育环境公平。学校、学院与班级是学生对象教育赋能精神生活共同富裕责任的实行者,具体负责经济补贴与经济帮扶的实施,教育教学课程、学习计划制定与执行。学生对象这个主体是专指教育赋能精神生活共同富裕的对象,他们具有个人学习成长成才与教育脱贫的责任。基于多元主体共治强调基层政府、社会资本、非政府组织、居民群众等治理主体联动合作、有机嵌入社区环境的核心思想,推动了治理体系现代化的长足发展,是治理体系现代化建设的一项重要举措。

多元主体共治优化了精神生活共同富裕发展,激发治理活力,极大完善治理生态,对探索有效治理格局提供了宝贵经验。帕特南的社会资本理论指出:社会组织的信任网络、规范体系构建,可以促进社会多方合作、减少机会主义行为,进而提高社会效率。在政府和社会市场参与相关工作交互耦合的过程中,学校教育系统的参与尤为重要,有助于精神生活共同富裕工作落实得更为彻底、更为全面。多元主体共治联动贯穿数智教育赋能精神生活共同富裕的全过程,不能仅仅依靠国家政府在教育脱贫和教育致富中发挥作用,特别是在脱贫和致富的重要的时刻,既需要政府带头发挥关键核心作用,也需要呼唤市场的资源配置基本作用。社会资本对多元治理体系的构建至关重要,共治的维系离不开社会组织、市场化资源的有机嵌入,嵌入项目的实施要避免落入事本化和形式主义的怪圈就必须要完善合作制度构建、优化嵌入路径。

2)压实教育脱贫和教育致富主体责任

数智时代信息互动必然会留下痕迹。在教育与脱贫和致富领域可以建立以学生对象或发展较为落后地区为基础的责任网络。城乡接合部居委会、社会组织和居民等多元主体共同参与,行政机制、社会机制与社群机制在城乡接合部社区治理中共同发挥作用,形成党建引领、多元主体并行的有效治理网络。在教育脱贫和教育致富的治理责任网络中,治理主体有三类:一是以党政机关为引领、自上而下的行政力量,二是以社会组织为参与、组织合作的社会力量,三是以居民群众为主体、自下而上的内生力量。这三者的合力作用下,党建为引领,为教育脱贫和教育致富建设注入政治能量,极有力地凝聚了个体资源和社会资本,为满足多样化服务和良好发展提供物质支持。

基层建设始终是国家发展的基石,共治的建设不仅关乎发展较为不完善区域的治理体系的发展进程,更影响着国家治理体系和治理能力现代化的建设进程。随着发展形势不断更新,在数智时代,如何把握数智时代共治在教育赋能体系构建的应用、如何发挥多元主体在教育赋能体系构建的作用等问题仍需要我们进一步研究。

首先,数智技术赋能的主体理念的转变。数智技术赋能实现了责任理念由个体掌握到全体掌握。大多数违反法律和纪律的行为都带有侥幸心理。由于数智技术的普遍性和有效性,知法犯法、作奸犯科的行径实施难度直线升高,且极为容易受到审查而暴露。数智技术的有效应用,粉碎在教育领域脱贫和致富工作中主体违法违纪、肆意妄为的侥幸心理,抑制了脱贫和致富主体主动犯错的冲动。

其次,数智技术赋能的管理机制的转变。数智平台的建立使得精神生活共同富裕的项目中的责任区分更为清晰可见,促进过程和结果的透明、公开,从而细化了责任分工打造多元主体共同参与的服务网络及运行机制,加强城乡接合部治理的标准化、精细化管理能力,明确工作中可能出现的问题,形成政府主导、社会参与、民众收益的基层治理新格局。

最后,数智技术赋能的考核问责的转变。考核问责是多元主体责任落实的一项重要内容。如果没有评估或只有评估而没有问责,即使建立一个教育赋能精神生活共同富裕平台,实际效果也很难达到理想目标。必须根据教育脱贫和教育致富项目和类型实际,坚持问题导向,完善评估方法,实行"一案双查",培育评估体系,建立健全有效发达的考核问责制度。建立教育脱贫和教育致富跟踪监督机制与责任追究机制,要求各地区各部门详细制定责任清单,更准确地监督项目、资金实施进度和使用有效性,对尚未完成的项目责任人进行实质性问责和处罚。

7.2.3　精准帮扶

精准帮扶包括两个方面的内容,一方面是指对发展较为落后地区的教育事业进行整体性帮助,另一方面是对学生对象的教育方面提供个体性帮助。根据这两个方面的视角,我们将精准帮扶分为个体帮扶以及地区帮扶。

1)构建个体教育赋能精神生活共同富裕动态帮扶机制

新时代新征程赋予了精神生活高质量发展的新要求。深植于精神生活"生产—分配—交换—消费"的实践过程进行深入剖析,创造性的精神生产、精神资源分配的公正性、精神交往的深刻性和精神消费的发展性构成了精神生活高质量发展的衡量标准[①]。坚持扶志与扶智相结合,加强学生励志教育、感恩教育,发挥典型示范作用,激励学生勤奋学习,向着美好生活奋力前行,靠自己努力阻断贫困代际传递。对于学生对象的信息管理建立数字化帮扶机制,与其他金融机构以及脱贫和致富援助单位交换信息,建立动态监测系统,及时完善学生对象的家庭情况、贫困具体原因、学校管理等相关信息,为认识和了解学生对象提供现实基础,进而有效调整脱贫和致富相关项目的材料和措施。

通过数智技术对各类学生对象过去的信息分析,确保数智技术分析的可靠性,及时掌握和更新学生对象的动态情况包括家庭境况、学习情境、生活态度、心理状态等具体动态信息以及已有接受相关补贴情况,进行行之有效的预测、判断和分析。在对学生对象的信息充分掌握的情况下,制定更加翔实且有针对性的个性化具体计划,真正满足学生对象的学习和生活需求,从而实现个体教育赋能脱贫和致富与精神生活共同富裕。应用定性和定量相结合的多层次评价指标体系进行多维评估。例如,应用发展较为落后地区人力资本状况、不同教育教育年限、不同教育程度人均收入、学习发展能力等指标来综合评价教育脱贫和教育致富效果。

精准扶贫和乡村振兴政策有丰富的信息和资料,具有个体教育促进精神生活共同富裕动态帮扶的实践经验。"一对一"资助项目在数智时代建立了一套理想的数智教育赋能精神生活共同富裕的个体化应用模型,实现数智技术与学生对象和谐相处,促进教育赋能精神生活共同富裕向定量、个别化、可预测的"一对一"方向发展。数智时代"一对一"资助项目通过实地调查困境学生,信息化宣传

---

① 商诗娴,王建新.困境与优化:精神生活高质量发展的当代透视[J].思想教育研究,2023(09):82-88.

沟通方式发布困境学生基本信息招募爱心人士,利用区块链与困境学生"一对一"或"一对多"等"结对子"帮扶,以现代数字金融和数字财政作为依托,保证每学期或每学年捐赠爱心善款资助能够准确到位,进一步完善以学生为中心的精准化帮扶政策,健全学习、生活帮扶制度,长期持续性地为学生对象提供帮助和关爱,鼓励他们顺利完成学业,让他们感受到社会的温暖。

2)构建地区精准帮扶方案

根据各地区的实际情况,开展不同的教育促进精神生活共同富裕项目,主要包括普惠性幼儿园建设、学校办学条件改善、高中教育普及、乡村教师支持计划、特殊教育发展、营养改善计划等。

其一,建设普惠性幼儿园。利用数智技术建立的数智平台,通过对各地区学前教育的相关数据进行分析,结合各个地区的实际经济情况和现有政策情况等,就可以算出各个地方学前儿童入学率。注重实地考察,进一步完善数智技术的信息,采取补建、改建、新建、置换等措施,规范城镇小区配套幼儿园建设使用、积极挖潜扩大增量等措施,多渠道扩大普惠性资源。其二,改善发展较为落后地区的办学基本条件。各级财政性教育经费投入长期相对偏低,办学条件普遍不达标,"空、小、散、弱"问题突出,严重稀释了教学资源。将数智平台充分利用分析入学率和完成率情况,持续加大教育投入和政策供给,师资队伍水平整体提高,使职业学校布局结构进一步优化,尽快改善发展较为落后地区义务教育学校的办学条件,办学质量和吸引力显著增强。其三,普及高中教育。普及高中阶段教育是我国继普及九年义务教育之后进一步提升国民整体素质、劳动力竞争能力、建设人力资源强国的重大举措,意义重大,影响深远。利用数智教育平台分析在每个地区高中教育的现实情况和具体条件,统筹规划并系统设计规模、质量、结构、条件、保障等方面的具体目标,实现有条件、有质量、有保障的普及,让学生进得来,留得住,学有所获,成长成才。其四,支持农村教师队伍建设。乡村教师队伍建设作为实现教育现代化的重要战略基点,给予乡村教师群体特别的支持与关照,对于改善乡村教师队伍现状、促进我国教育事业发展具有极为重要的战略意义。大力支持乡村教师发展、积极加强乡村教师队伍建设,既是对乡村教师群体的重视,也是对乡村学生平等受教育权的尊重和对社会公平正义的弘扬。利用数智平台分析各个地区以及各年龄阶段的老师和学生的比例以及当地的实际情况,作为有效衡量标准增加农村教师补充,将农村教师招聘机制与整体统一规划和选择,进一步指导特殊岗位计划规模的扩大。让优秀人才进得去、留得住、教得好,造福于乡村教育应该是国家和人民的共同愿景。其五,发展特殊教育。数智教育平台能够收集各年龄段残疾学生的教育数据,融合教育全面推进,开通开放特殊教育发展路径,普通教育、职业教育、医疗康复、信息技术与特殊教育进一步深度融合。其六,改善农村义务教育学生营养计划。结合经济发展水平、财力状况、支出成本等实际,通过数智平台对数据的真实性、完整性、准确性负责,准确填报受益学生、补助标准、就餐天数、供餐情况等信息,加强受益学生实名制管理,严防套取、冒领膳食补助资金,并进一步完善政府、家庭、社会力量共同承担膳食费用机制,科学确定伙食费收费标准。积极开展营养改善计划工作,加强成本核算管理,按照安全、营养、卫生的标准,因地制宜确定供餐内容。

7.2.4　精准培养

中国对于精准化教育培训培养的研究主要集中在职业教育培训方面。坚持服务学生全面发展和经济社会发展,以提升职业学校关键能力为基础,以深化产教融合为重点,以推动职普融通为关键,以科教融汇为新方向,充分调动各方面积极性,统筹职业教育、高等教育、继续教育协同创新,有序有效推进现代职业教育体系建设改革,切实提高职业教育的质量、适应性和吸引力,培养更多高素质技术技能人才、能工巧匠、大国工匠,为加快建设教育强国、科技强国、人才强国奠定坚实基础。

伴随着数智时代的到来,学生对象的培养应该被放在优先位置,职业教育的培养与通识教育兴趣和专业的培养并行,注重人的全面发展。充分利用数智平台中的数智技术挖掘技术,对各类学生对象的兴趣特长进行收集,结合性格特征及家庭背景,对学生对象学习数据、自身反馈、教师意见的综合分析,针对不同的学生对象情况,设置和采取不同的培养方式。

1)普通教育培养

人工智能时代的数智教育,摒弃过去龟兔赛跑的教育方式,让龟兔赛跑并步走。普通教育主要是为了培养公民的基本素质,从而为学生能够更好地接受其他教育奠定文化知识基础。

随着新一轮科技革命和产业革命深入发展,数字技术愈发成为驱动人类社会思维方式、组织架构和运作发生根本性变革、全方位重塑的引领力量,为我们创新路径、重塑形态、推动发展提供了新的重大机遇。截至 2023 年底,国家数智教育平台累计注册用户突破 1 亿,浏览量超过 367 亿次,访客量达 25 亿人次,数字技术的叠加、倍增、溢出效应充分显现。宏观来看,通过大数据技术应用,教育部着力推动教育治理高效化、精准化,促进教育决策和教育管理方式变革,创新新生注册、精准资助、智慧思政、校园安全等应用场景,赋能各类管理服务。微观而言,数智教育平台根据学生对象的学习成绩、性格特点、自身爱好合理分配班级、安排课程、分配座位,前瞻性的预测学生在发展过程中可能出现的问题,以便学校或老师可以适当调整教育每个学生的各个方面。职业教育的培养目标在于使学生充分掌握自己所需的专业技能。根据当地实际需要积极开发相应课程，积极提升学生对象的创新和创业能力，减少倾向于迎合流行的专业市场，帮助当地发展，提高学生的选择热情。

2）心理教育培养

学生对象具有学习目标明确学习能力强、生活俭朴物质要求低，具有较强的独立性和心理敏感性、具有参加勤工俭学积极性等特点特征，这是由于社会经济、家庭环境、学校环境、个人因素等外在环境对学生对象的内在生理心理情况发生显著的影响作用。社会经济因素包括学费与家庭收入的冲突，金融机构与学校的合作等；家庭环境因素包括家庭成员的健康、收入、教育水平和父母对家庭成员的期望；学校环境包括物质支持和精神支持力度；个人因素包括人格偏差、需求偏差和心理偏差。正是这些因素的相互作用，让学生对象的行为在生活中产生偏差。比如：有的过度自卑，不喜欢与他人沟通；过度的自尊，潜意识里对外界的抗拒；过分爱虚荣，追求物质享受等。通过数智平台收集各种因素寻找学生对象行为偏差的特征和影响因素，寻找内在的相关性和规律性。

解决学生对象的心理问题，必须从心理引导与自我调节的配合入手，充分考虑到学生对象的思想问题与他们实际存在的问题。因此必须做好学生对象思想政治教育工作，将学生对象的思想与实际问题相结合；充分发挥教师的教学育人功能，建立学生与教师之间的良好联系；引导学生对象自我调整，帮助"自我调整"解决困难和困惑；建立学校与家庭之间的良好联动，充分调动家长的积极性，积极参与学生之间的心理教育。

7.2.5　精准管理

由于不能及时有效地促进当地的经济发展，对教育没有给予足够的重视，教育脱贫和教育致富在过去常常被忽视。教育促进精神生活共同富裕发展缓慢的重要原因之一是教育资金流动的不清不楚以及相关主体的私自挪用。建立数智教育平台可以有效监管脱贫和致富项目和资金。项目负责人负责定期上传项目进度，通过平台实时监控项目，及时掌握项目开发过程，了解资金的准确使用情况，畅通学生对象反馈渠道，掌握学生对象的信息，防止套利和欺诈性获取教育资金的违法违纪行为，确保整个教育脱贫和教育致富项目全程监控，从而能够使得资金资源在教育脱贫和教育致富过程中发挥最大的作用。

随着数智技术的发展，信息共享已经成为一种将来发展的方向。我国数智技术数据库与信息融合的整合功能逐渐成熟，一方面，我们需要对所在区域学生对象的各种信息进行汇总。必须具有且善于运用现代信息的意识和手段，充分估计各类教育资源的作用进行评估，对于各种教育资源的选择和澄清上做到心中有数,在合理范围内最大限度地实现信息的共享。另一方面,我们经过教育数智平台对相关单位特别是相关企业、社会组织和社会爱心人士与学生对象实现信息链条衔接,也为学生对象的就业创业提供更加精准的各类渠道。

评估机制是保证脱贫和致富教育顺利开展的有效渠道。首先,根据越来越成熟的信息交换互联功能为每个教育脱贫和教育致富项目制定专门的评估标准,不同类型的项目采取不同的评估方案,具体问题具体分析,定期提交考核结果,及时地录入教育脱贫和教育致富数智平台。其次,对考核人员进行专门培训,保证项目的预测、监督和评价等一系列工作的稳固落实。最后,利用第三方评价平台对项目实施情况进行评价,确保评价的准确性和客观性。

"反馈"可以说是自动控制和现代控制理论的基石,核心作用和本质在于纠偏。在控制过程中系统会不断将输出返回给控制器构成反馈回路。当系统的输出不满足我们的期望时我们将不断调整输入直到得到我们想要的结果。数智技术能够成为教育精神生活共同富裕反馈机制的重要载体。首先,建立绿色快速通道。针对学生对象存在的问题,建立专项的反馈渠道,并根据不同生活、学习、心理等不同问题进行有效分类。其次,建立配套服务体系。及时在线应对不同问题,对暂时很难解决的问题进行实时跟踪和解决。最后,建立事后评价环节。根据总体的反馈情况,建立问题数据库,当直接查询某一问题能够及时有效地获取先前经验和提升建议,提高问题解决效率。

7.2.6　精准提升

幸福是奋斗出来的。实现精神生活共同富裕是一项系统工程,需要政府、企业、社会组织、个人等各方携手、共同奋斗,各尽所能、各尽其责,构建以中国共产党为核心、以企业为重要参与者、动员社会参与的运作。

首先,发挥党的领导核心作用。精神生活共同富裕是中国特色社会主义的本质要求,也是一个长期的历史过程。实现精神生活共同富裕是一个复杂的系统工程,尤其需要不断增强党组织的政治功能和组织功能,团结带领全国人民把美好愿景转化为现实生活。通过创新组织体系,建强"主心骨",夯实力量之源,增强精神生活共同富裕工作领导力,打造全面进步、全面过硬的党组织,切实增强党组织的领导力,提高党组织把方向、做决策的能力和定力,发挥党的强大政治优势,实现经验共享、资源互补、共同发展,确保资源得到有效整合和运用,确保顺利推进精神生活共同富裕。

其次,企业承担社会责任。我国民营企业是改革开放以来在党的方针政策指引下发展起来的,而扎实推进精神生活共同富裕更为民营企业发展提供了新的发展机遇。在推动精神生活共同富裕进程中,市场潜力将得到进一步释放。

推动精神生活共同富裕,扩大中等收入群体规模,将推动更多低收入人群迈入中等收入行列;加强对高收入的规范和调节,在依法保护合法收入的同时,防止两极分化、消除分配不公、缩小收入差距;提高发展的平衡性、协调性,加快乡村和欠发达地区建设步伐;基本公共服务均等化,提高低收入群体的教育、社会保障、住房保障水平。这些举措都将释放极大的消费需求和投资需求,为民营企业提供持续发展动能。作为市场主体的各类企业,拥有资金优势、产业优势、人才优势、渠道优势、信息优势、管理优势等,具备在推进精神生活共同富裕中发挥更大作用、践行更多责任的独特优势。由此,拓宽企业帮扶渠道,发展职业教育,提高学生对象的发展技能,鼓励学生对象勇于就业创业。

最后,动员社会力量参与。精神生活共同富裕是一项长期的系统性工程,要充分调动全社会参与乡村振兴的热情和力量。跟踪社会力量参与成效,适时开展社会力量参与乡村振兴、促进精神生活共同富裕成效评估,确保社会力量参与往深里走、往实里走。帮助学生对象在思想上建立正确的观念和提升能力是人的全面发展和实现精神生活共同富裕的关键点。例如,对受教育的学生对象不能毕业了事,而应当继续定期跟踪,了解其是否具有脱贫的能力或者已脱贫。对于毕业未能脱贫毕业生,提供回炉重造或者帮助重新就业的机会。

7.3　数智教育赋能精神生活共同富裕的具体类型

7.3.1　立体化的数智教育赋能精神生活共同富裕

对于许多发展较为落后地区的困难家庭来说,可能迫于经济状况不好的现实压力让学生对象主动或被动放弃上学的机会。归根结底,是由于当地经济发展水平较为落后。因此必须建立健全多层次、立体化教育。一方面,根据不同专业确定标准线,为学生对象设置专门奖学金以表彰表扬优秀学生,以此作为努力学习的嘉奖和鼓励。设置专门的应急基金,在学生对象遇到重大变故的时候,能够及时给予物质帮助。组织和引导家庭经济困难学生及时申请助学贷款,利息由政府全额补贴。另一方面,为学生对象提供勤工俭学的机会,号召学生响应国家政策,担任助管、助教、助理,既增强社会实践能力,又可获得一定的津贴或奖励,增加经济收入,有效地缓解学生在经济上的压力。作为培养社会人才的场所,高校应该提供更多的兼职工作来帮助学生,将义务劳动变为有偿劳动,使学生可以寻找合适的兼职工作来得到劳动报酬,锻炼生活能力与自立能力。

根据社会组织针对推进农村数智教育赋能精神生活共同富裕,改变人口素质,遏制贫困恶性循环。社会组织主要是按照国家相关政策,依靠专业化、非营利和灵活性等方面优势,实施具有持续小规模、精准化、影响力的精神生活共同富裕项目,树立良好社会形象。政府通过购买服务的方式与社会组织项目运作进行结合,配合政府有关部门的精神生活共同富裕相关工作开展,例如改善教育办学条件、培训教师队伍等。

7.3.2　德育为先的数智教育赋能精神生活共同富裕

重视学生对象品德知识能力的综合培养。高校要形成爱心与感恩互动的良好氛围,并把它作为自己的责任解决问题,以便学生能全面提高自己的能力和道德修养。引导学生建立一个坚定的爱国主义信念和政治概念,培养感恩的精神内涵、完整性和奉献,在其中不断地充实完善自己,培养学生对象的节俭性格,锻造优良品质和高尚作风,为我国社会主义现代化和民族复兴大业做出贡献。另外,学生对象必须继续坚守更多意志品格。第一,注重诚信。学生对象必须建立践行诚信意识,践行诚信承诺,对所有接受的社会救助特别是银行贷款必须及时归还。第二,遵守规章制度。在现代社会的文明肌体中,规则就是筋和骨。有了明确的规则,才能框定人们的行动边界。通过培育人们的规则意识和守则能力,严格遵守学校的规章制度,向着有序、文明的方向挺进。第三,感恩反馈社会。懂得感恩,是为人最起码的修养,也是从业、治学难能可贵的品质,更是应该力倡的社会氛围。有深沉的感恩,才能坚持梦想、勇担责任。学生对象得到政府与社会爱心人士的帮助,应当学会爱心传递与回报社会,主动为发展较为落后地区经济发展贡献一份力量。

7.3.3　产学研耦合的教育促进精神生活共同富裕

2021年11月,联合国教科文组织面向全球发布了《一起重新构想我们的未来:为教育打造新的社会契约》报告,探讨和展望面向未来乃至2050年的教育。报告提出,教育要解决三个基本问题:"当我们展望2050年,应该继续做什么?应该抛弃什么?需要创新什么?"[①]

联合国很早就开始了职业教育促进精神生活共同富裕的探索并取得一定的成功。联合国教科文组织国际职业技术教育与培训中心(UNESCO-UNEVOC)是联合国教科文组织(UNESCO)的一个职业技术教育与培训(TVET)组织,中心在德国波恩成立,中心致力于帮助UNESCO的成员国发展和加强TVET体系,促进和支持各国实施适当的技能发展计划,使这些国家能够为所有的公民创造终身教育以及就业和职业教育的机会。教育促进精神生活共同富裕的图景

---

① 联合国教科文组织:一起重新构想我们的未来:为教育打造新的社会契约[EB/OL].https://zys.seu. edu.cn/2022/1114/c42758a427301/page.htm.

中,我们有必要为劳动困难群体,特别是为因贫困而失业或贫困的工人提供多样化的培训,包括识字、补充基础教育、技术技能、管理和创业技能等。在职业教育促进精神生活共同富裕实证研究中,国外研究主要集中在少数民族、战争难民、非法移民等边缘化群体,以及少数低收入群体中的青壮年男女儿童,从提高专业知识技能以促进就业出发,实现不同地区、民族的繁荣稳定发展为目的。

院校带动型是以院校为龙头,实行集体化发展,通过积极开展技能培训、技术援助、合作研发等工作建立"授之以渔"的开发,提高学生对象的实践能力。2019 年印发的《国家职业教育改革实施方案》指出:"职业教育与普通教育是两种不同教育类型,具有同等重要地位。"长期以来,不少地方把职业院校当作普通教育的"低配版",存在重普通教育、轻职业教育的认识误区,一些职校按照办普通教育的方式办职业教育。事实上,职业教育在培养目标、课程体系、育人方式等方面与普通教育有着重要区别,必须遵循技术技能人才的培养规律,准确把握现代职业教育的思路和定位。因此,要充分利用职业院校、中等职业学校和部分地方本科院校向应用型大学转变的契机,以优惠教育政策等手段,加大教育投资与调整结构,有效发挥应用型大学独特的专业特点和人才优势,明确应用型大学的职责和任务,建设精神生活共同富裕的能力素质培训实践基地,提升技能就业水平,提高从业人员素质。

根据我国的现实发展情况及长远目标来看,必须将科学技术发展与脱贫和致富共同事业有效结合起来。在当今科学技术快速发展的今天,发展较为落后地区的科学技术的发展处于落后阶段。充分引导东部和城市地区智力资源丰富地区的交流合作,派出既有实际工作经验又有科研能力的专家和中青年知识分子,引导科技、信息、资本、管理等生产要素向发展较为落后地区汇集,对发展较为落后地区的群体开展针对性的帮扶,研究制定具有适应性、针对性、全局性的实施方案。

不断推动经济发展和社会进步,逐步夯实精神生活共同富裕的物质基础,需要从创新这个引领发展的第一动力着手。根据"大众创业、百众创新"政策,让创新创业主体充分聚集,运用各种创新要素和资源创造创新成果,并转化为满足市场需求的产品或服务,不仅能实现创新创业的市场和社会价值,而且也能实现创新创业主体的个人价值,在为社会提供更多就业岗位和市场机会的同时,提高自身及相关利益群体的收入水平和财富总量。

利用当地主导产业、支柱产业和资源优势,通过产业拉动以实施产业发展培养急需的技能型人才,在推动服务地方产业发展过程中,结合当地园区发展对各类技能型人才的需求,促进院校与园区的互动,根据点对点的专项技能的推广培训活动提供就业和创收服务,进一步开办特色专业,实现培训就业一体化,方便企业就近招工,减轻企业用工压力,"一次培训、终身受益"。同时,充分利用和推广当地文化资源,引导和鼓励青年学生及当地民众的思维变革,促使更多学生对象意识到摆脱贫困和精神生活共同富裕的重要性和现实意义,充分发挥发展较为落后地区存在的经济潜力,增强地方经济发展的动力,是精神生活共同富裕的现实根本措施之一。

7.3.4 金融投资的教育赋能精神生活共同富裕

数智金融支持教育精神生活共同富裕是精神生活共同富裕的一个重要战略方向。精神生活共同富裕作为关于发展较为落后的群体的生计问题,改善综合素质,提高技术能力,消除精神贫困,都需要长期的资金投入。数字技术持续迭代、数字基础设施加速完善,为数智金融建设创造了良好的环境和土壤。数智金融是适应数字经济发展的金融服务,将进一步为经济高质量发展提供强有力的支撑。

数智金融的核心内涵是金融的"数字化"和"智能化"。金融机构围绕特定业务场景采集数据,并将数据信用化、模型化,使之成为信贷投放、风险判断等环节的关键依据,从而持续优化服务体验,实现精准服务。首先,建立资金支持的稳定性。建立风险补偿基金,实施金融动态跟踪管理,当风险补偿基金低于出资额和贷款金额超过最大倍数时,及时进行基金补充,确保风险补偿基金的正常运作。其次,提升金融支持的针对性。传统金融主要依靠专家经验,而数智金融则通过人工数智技术开展充分的数据挖掘。通过构建大数据风控体系,对各类场景的金融需求进行多方位的预测和评估,实现金融服务的精准匹配,缓解发展较为落后地区资金压力,扩大辐射地区人口受益面。再次,强化资金支持的安全性。金融数字化大大提高了相关信息的收集、处理、存储和发布的能力,解决了纸质票据等传统交易耗时长、易丢失等弊端,使得金融服务突破了时间和空间的限制。最后,扩大金融资金支持的可用性。金融服务的场景化是数智金融的基本形态,是促进数字技术和实体经济深度融合,赋能传统产业转型升级,催生新产业新业态新,不断做强做优做大我国数字经济的具体举措。

另外,应当有效增加政府的贷款,争取金融支持优惠政策,创新金融支持教育产品,积极申请专项信贷政策,不断优化教育信贷流程,提高学生对象的贷款效率。做好贷款的前期调查,降低贷款的准入门槛,对相关学校学生对象的情况进行实地调研,对学生对象信用记录进行调查论证,履行金融部门的社会责任,依据数智技术分析建档立卡学生对象名单与实际学生对象的内在关系,实施金融支持教育赋能精神生活共同富裕。

7.4　数智教育赋能精神生活共同富裕的导向和任务

7.4.1　数智教育赋能精神生活共同富裕的导向

教育优先是指以教育为载体,由对贫困者输血变为贫困者自身造血,推动提高贫困者自我快速发展能力,这也是教育脱贫和教育致富的内生途径。教育制度保障是教育公平发展的重要途径,促使弱势群体拥有普通人同等的教育机会和教育条件。教育制度保障是一个长期的复杂的工程,在教育政策设计过程中着眼缩小教育差距,减少资金、教师和信息技术等公共教育资源的不平等分配。

数智教育赋能精神生活共同富裕的有效性,主要决定于是否符合发展较为落后地区的客观实际。一方面,要建立合理的政策评价体系。在教育政策正式出台之前,要启动入户调查的程序,整理政策需要的所有清单,推敲能否转化进入政策的覆盖范围,提升政策的可行性和匹配度,由此制定的政策和方案才能真正符合现实情况、有效解决实际需要,有效克服实施过程中存在的风险。另一方面,要建立特殊优惠政策体系。结合区域和民族等因素的现实需要,综合考虑地方经济、文化等特殊问题,提出了一套特殊的资金、人才、建制不同的优惠政策体系。例如,贫困县财政本来就不宽裕,教育经费保障只好向上移到市省或中央政府。因此就应当建立由县级政府统筹安排的专项资金分配制度,促进教育经费与工作对象需求的匹配,提高经费的使用效率,推动地区教育公平的均衡发展。

转变教育精神生活共同富裕的发展思路,明确有针对性、循序渐进的发展目标。由于发展较为落后地区的教育水平较为落后,在培养人才与提高经济发展的教育回报有所不足,从而引起公众对教育脱贫和教育致富公信力的质疑。事实上,教育脱贫和教育致富有周期长、效果延迟、价值作用不显著等特点,在发展较为落后地区起不到立竿见影的效应。所以,要引导当地群众对教育脱贫和教育致富的作用有科学的认知。教育脱贫和教育致富目标具有长期性和多层次性的特征,应该改变只注重短期目标和显性目标而忽视人才培养的根本目标和长期目标的错误思想,为长期提升和逐步实现做好准备。

建立"以人为本"的教育价值导向,形成统一、全面、协调的教育意志表达机制。要做好顶层设计,打破部门之间的壁垒,建立左右联动配合机制,保证教育决策与脱贫和致富目标的一致性。例如,人力资源部、社会保障部、财政部、教育部等多部门协调合作,从根本上解决发展较为落后地区教育资源短缺、教师素质较差、资金不足等问题。具体措施有:跨部门有效的沟通,依据职业发展整体利益的科学论证与充分准备;独立开展教师招聘项目,为教师专业发展提供畅通的渠道,独立实施高级职称计划,提高考核标准与录用比例,提高教师教学热情;提高工作回报率有利于促进人才支持农村教育的发展,各级财政部门对发展较为落后地区具有高级职称的教师的工资增长应当全额支付,相应改善工资待遇、专业头衔、聘用合同与评价标准等。

建立教育脱贫和教育致富落实机制。确保中央与地方制度安排的一致性,保证制度信息的畅通,发展较为落后地区政府要从当地实际情况出发,认真制定教育脱贫和教育致富制度,进一步丰富精准教育脱贫和教育致富的救助制度,分解具体任务,切实减少政策信息的流失,把教育脱贫和教育致富的原则和方针转变为科学与可操作的执行制度,通过财政补贴、以奖代补等方法,激发发展较为落后地区政府的积极性,释放出地方政府的活力。

建立教育脱贫和教育致富监督制度。通过数智技术等手段,通过建立健全数智教育信息管理平台形成教育脱贫和教育致富赋有针对性的全过程监督,防止教育脱贫和教育致富资源的流失。在调研、规划、立项、实施、使用、评估、退出等环节中利用数智技术构建数据库进行全面监管,加速信息收集、材料整理与挖掘分析及可视化信息披露等工作推进,进一步提高监督制度的有效性。

调动教育脱贫和教育致富实施主体的积极性。在数智时代,主体责任确定与多方力量动员是体系实施的主要保障,形成上下实施主体相互协作的推进体系,做好教育与社会沟通融合的相应工作,坚持科学性客观性的价值取向,发挥教育系统的辐射作用,把教育脱贫和教育致富政策转化为工作对象自我发展的动力。

7.4.2　数智教育赋能精神生活共同富裕的任务

精神生活共同富裕主体拥有不同任务,在明确教育赋能精神生活共同富裕目的、推进教育赋能精神生活共同富裕过程和形成教育良好环境的过程中应当形成多任务、多层次、多主体的分类教育计划,形成合力赋能,经济帮困、精神激励与能力提高这三层发展的任务体系。

其一,经济资助是精准教育赋能精神生活共同富裕的基础。作为社会上最富活力、最具创造性的群体,青年学生更应该是中国特色社会主义事业的开拓者和生力军。要着力培育学生的创新意识,激发学生创造活力,为他们在新时代的风浪中开拓前进,在新时代的天地中施展拳脚奠定坚实基础。促进学生的全面发展,不断提高学生的社会生存和适应性。通过奖励、信贷、救济与勤工俭学补偿等举措,帮助解决就学期间面临的经济难题,促使学生对象不因贫困而失学,有效缓解学生对象的学习和生活的经济负担。

其二,精神激励是关键,主要指对学生对象的心理健康和精神信念的帮扶。

青年理想远大、信念坚定,是一个国家、一个民族无坚不摧的前进动力。大学是学生立志定向的最好时期,要帮助学生扣好人生"第一粒扣子",筑牢理想信念之基,树牢正确价值观,涵养学生家国情怀、人类情怀,引导他们坚定马克思主义信仰和中国特色社会主义共同理想,立志于用所学所长服务国家、民族和人民,服务中国特色社会主义事业,积极投身于实现中华民族伟大复兴中国梦的生动实践中,成为担当民族复兴大任的时代新人,与新时代同向同行,用实际行动践行"请党放心、强国有我"的新时代青年宣言。通过培养学生对象的爱心与感恩意识、树立学生对象成功成才的典型教育,增强学生对象的成长发展自觉性与自信心,进一步提升学生对象的心理素质与精神品质。通过专题锻炼学生对象的情商与逆商,促进学生对象自立自强,有利于增强学生对党、国家、社会主义的认识程度,加深民族自豪感,坚持创新中求进求变,努力实现自我提升,培养学生正确的就业观和人才观。

其三,能力提升是根本,是指学生对象能力的有效提升。培养学生成为全面建设社会主义现代化强国的筑梦者。梦想要在一代又一代人的接续奋斗、真干实干中实现,新时代也对青年能力素质提出了新的更高要求。要帮助学生树立"不学习、无以立"的意识,帮助他们学习掌握马克思主义立场观点方法,奠定扎实的专业理论基础,让学生在校园学到真学问、掌握真本领。同时也要培养学生博学广览的习惯,注重培养学生的人文素养和科学精神,拓宽学生的人生格局和视野眼界,提升学生洞察社会、驾驭全局、躬身实践的能力,帮助学生练就一身"钢筋铁骨",在全面建设社会主义现代化强国新征程中接稳接好历史的接力棒。

7.5　数智教育赋能精神生活共同富裕的环节和方向

7.5.1　数智教育赋能精神生活共同富裕的环节

1)构建基础性环节

从教育信息化发展规律出发,建设教育信息化设施是构建"四位一体"的首要环节,能有效地改善发展较为落后地区办学条件和推进基础教育的高质量发展。为了使教师的教学水平有所提高,以"三通两平台"作为切入点,进行教育信息化建设的开展,建设相对完善的信息化教学环境,组成日趋完善的网络教研共同体,构建具有针对性和过渡性的远程教育合作。教师可以通过数智平台的网上教研获取来自名校优秀教师的教学内容和教学案例,转变提升教学理念,形成教学问题意识,学习到新的知识和脉络,改进其教学方法,并进一步应用到日常教学,提高教学水平的专业化。

2）构建提升性环节

随着精准扶贫和乡村振兴的落实，贫困人口子女入学受教育权利等得到国家充分保障。随着社会的发展，更多的人看到的是教育在国家发展进程中占据的重要地位，但由于发展不平衡不充分的问题，农村的教育资源已经难以满足人民群众对美好生活的期待。一方面，必须强化数智教育资源平台的作用，推动优质教育资源向发展较为落后地区落后学校流动，实现优质教育资源的互动共享，确保国家规定的基础课程的完整开设，保障发展较为落后地区的学生至少能够接受全部的基础课程教育。另一方面，突出现代信息技术和传统自主学习等教学方法相融合，打破单调的传统教学方法，整合学科课件、教学软件资源、师生互评管理等多个功能，丰富以学生为本的教学方法，在备好课的基础上开好课。

3）构建先决性环节

学校学生对象数据量大，录入核实工作量大，个人信息在手工录入时容易出现拼错、缩写、省略等现象，导致管理核实和统计出现错误。鉴于教育经费分层性强，学生流动性大，要求数据输入更加准确，管理更加规范。个人信息管理的精确性和对在校学生对象的资助的精确性，是落实教育脱贫和教育致富目标政策的前提。在数智教育平台中，个人信息不再由人工输入而是以大数据为依托自主选择和自动输入，实现统一规范，任何人在未授权的情况下都无权违法违规修改相应数据。并且通过数智教育平台，可以准确分析学生对象的生活情况和学习成绩，对条件不清、效果不佳的对象实现动态跟踪管理。

4）构建关键性环节

心理健康是精神生活共同富裕的重要组成部分。数智技术的应用让信息交流和传递超越时间和空间的界限，变得更加直接和便捷，建立多主体之间顺畅的沟通体系。一方面，通过数智设备设施创建虚拟空间，例如家庭电话会议室、成果展示墙、耳语驿站、课外阅览室等，运用文字、图片、声音、视频等让教育多主体能够在信息空间进行高效、低成本、便捷的对接和交互，实现一体化的统一合作，更好理解学生对象的成长情况，进一步增强孩子、家长和学校间的感情。另一方面，学校数智教育平台要开展更为丰富的校园活动种类，激励学生参与，丰富学生的精神文化生活，促进社会交往关系，在与更多人结识和相处的过程中形成自信与乐观的心态，勇于追求自己的梦想，充满自信地把握自己的未来。

7.5.2　数智教育赋能精神生活共同富裕的方向

1）途径智能化

当前，智能化浪潮由线上向线下奔涌，大数据、云计算、人工智能和 5G 技术等数字技术与传统产业加快融合，以大模型为代表的人工智能发展呈现出技术创新快、应用渗透强、国际竞争激烈等特点,拥有人工智能的人类将是未来社会的主宰力量,当今所使用的最新最先进的数智技术和与其相关的技术运行速度不断超越记录。云技术是基于云计算商业应用的网络技术、信息技术、整合技术、管理平台技术、应用技术等的总称,可以组成资源池,按需所用,灵活便利。大多数云计算服务作为按需自助服务提供,因此通常只需点击几下鼠标,即可在数分钟内调配海量计算资源,赋予非常大的灵活性,并消除了容量规划的压力。最大的云计算服务在安全数据中心的全球网络上运行,该网络会定期升级到最新的快速而高效的计算硬件,计算速度甚至可以达到每秒 10 亿次。随着社会时代的发展,云技术作为新型基础设施的重要内容,与时俱进、不断完善,实现领域更加全面,整合所有可以整合、清理、分析和存储的相关信息,通过实现人、机、物的全面互联,打通从研发到应用的全价值链。

2)过程高效化

数智教育赋能精神生活共同富裕节省了许多的人力物力。传统的教育赋能精神生活共同富裕需要大量的调查和审查,资源在各部门之间的传播造成信息不对称,导致大量的重复任务。大部分的资源浪费是由于信息不平等和精神生活共同富裕项目执行不力造成的。基于数智技术设计移动应用,方便工作人员了解工作对象,工作对象也能提出自身需求,实现"点对点"。数智教育的教学发生改革,AI、大数据进入学习全过程,高质量的在线课程和云课堂的开发,教学场景化体验升级,进一步促进优质教育资源共享,方便地进行资料查询,简单的语音沟通给学生带来更好的学习体验,满足学生的学习需求,极大地提高了学生的学习效率,助力教育公平。对教学行为数据、过程数据、结果数据等进行全面采集和汇聚,并利用数据挖掘、智能分析等技术进行智能处理,可实现基于数据的学习分析、评价与决策,进行有针对性的学习内容推送,促进师生的交互与协作。

3)措施精准化

数智技术时代的教育脱贫可以让教育更加精准。如果措施不精准、落实不到位,就会前功尽弃、功亏一篑。要从实际出发,先着重解决突出问题、紧迫问题,因地制宜、科学施策,有的放矢,务求实效,延伸深度、拓宽广度,才能提高针对性、科学性、有效性。大数据分析比以往人们的主观臆断和小数据分析相比更加科学、客观和准确。必须打造泛在可及、智慧便捷、公平普惠的大数据数字化服务体系,实现线上线下服务同质,充分把握大数据分析中包含着预测、决策、监控等多种功能,加强智能搜索、智能问答、智能推荐、智能审批等服务方式创新,不断提升公共服务均等化、普惠化、便捷化水平,丰富并优化服务体验。例如,智能审批能够通过数据比对、程序判断代替人工审批,推动业务流程再优化、表单材料再精简、数据共享再提升,实现审批零人工、准实时。

4）数据可视化

数据可视化是以图形的方式呈现结构化或非结构化数据，从而将隐藏在数据中的信息直接呈现给人们。教育赋能精神生活共同富裕数据可视化，一是对象可视化。面向对象编程是一种以对象为基础的编程范式，它将现实世界中的一切事物抽象成对象，并将对象的属性和行为封装在一起。对象可视化是指将对象及其之间的关系以图形化的形式呈现出来，从而帮助我们更直观地了解和展示对象的属性和行为，将覆盖所有发展较为落后地区贫困家庭与贫困对象的数据可视化，有利于落实教育赋能精神生活共同富裕活动。二是主题可视化。主题建模包括从文档术语中提取特征，并使用数学结构和框架（如矩阵分解和奇异值分解）来生成彼此可区分的术语聚类或组，这些单词聚类继而形成主题或概念。将政府责任、学校责任和社会帮扶责任还有家庭责任的数据可视化，协同各方力量共同落实教育赋能精神生活共同富裕责任。三是路径可视化。行为路径分析是根据用户在智能平台的访问行为，分析用户在各模块中跳转规律与特点，挖掘出群体特征，进而实现业务指标。推进教育赋能精神生活共同富裕有效措施、教育资源与教育方式的数据可视化，有利于形成教育赋能精神生活共同富裕的协作机制。

第 8 章
数智教育赋能精神生活共同富裕的实证和趋势

8.1 数智教育赋能精神生活共同富裕的实证研究

本书运用数智技术理论和方法,结合学生对象的调查数据建构有关模型,分析基于数智技术的高校学生对象认定方法和教育精神生活共同富裕案例。研究结果显示,在基于数智技术的学生对象认定方法的基础上,运用数智技术有利于提升教育育人成效;例举有利于精准识别、精准管理、精准帮扶、精准培养和精准提升的相关案例,基于全样本调查数据,运用数智技术实证研究教育条件和水平与劳动力收入的相关关系,验证数智教育赋能精神生活共同富裕的有效性。

基于我国传统高校学生对象资助认定体系及其存在问题,探讨基于数智技术的学生对象认定方法,利用数智技术的方法分析和计算学生对象,达到客观、准确地识别目标的学生对象,并对数智技术的学生对象认定方法进行实证研究,以最终实现准确的可持续发展。

8.1.1 我国高校学生对象资助认定体系及存在问题

当前,各高校正在践行相对传统的学生对象资助方法。在学生对象评定的具体操作过程中,第一步要求学生对象填写资助申请表,提供所在村或居委会开具的相关证明。第二步由班级评议小组对各位申请者表现情况与日常消费情况进行综合测评得出学生对象的排名结果。第三步由各学院辅导员带头组建评估小组对各位贫困同学进行评议得出结果。第四步学校或学院领导小组对学生对象资格进行确认批准。第五步学校学生资助管理机构对学生对象材料进行复审,形成学生对象资助名单。第六步对确定的学生对象资助名单予以公示,接受社会各界监督。尽管传统的高校学生对象资助认定体系相对完善,但仍存在认定形式缺乏真实、认定标准缺少合理性、认定信息源比较单一等问题。

首先,认定形式缺乏真实。目前,各高校学生对象资助认定体系第一步都需要学生提供基层政府部门的相关证明,接下来才能填写学生对象申请表、班级评议小组测评、辅导员组织年级认定、校级进行评议认定、学院领导小组批准、资助管理机构进行复审、名单公示等程序。这种学生对象认定形式存在太多的人为因素，从第一步提交相关证明，到班级评议小组评议，从辅导员认定小组到学院领导小组，都不可避免地存在用主观判断认定客观事实偏差可能性，不能确保在学生对象认定过程中对每位学生对象评定的客观性。在学生对象提供相关证明的第一个步骤中，政府部门工作人员不能完全了解各个学生的相关家庭情况，有些工作人员也是当地人，可能存在顺水人情的事情，在没有客观认定情况中就给学生进行盖章。所以，在政府部门提供相关证明的第一步骤中都不能保证其真实可靠，在其他认定的主观评价步骤中也存在各种弄虚作假的可能情况，自然不能保证认定工作的真实性，给传统的高校学生对象认定体系造成负面的影响。

其次，认定标准缺少合理性。当前我国高校在学生对象认定方面没有统一标准，这种情况导致各高校在学生对象认定标准把握上不清晰。虽然教育部提出了学生对象认定的大概内涵，比如学生家庭经济情况存在困难，上学期间所需学费、住宿费与其他各种费用存在缴付困难。如果这种情况就是学生对象的认定标准，那么公办高校与民办高校的认定标准差距就更大了。各高校很难落实学生对象的认定标准，也缺少高校学生对象等级认定标准，这就产生了学生对象认定只好依靠相关政府基层部门提供的相关证明，既可能缺少真实性也可能使真正学生对象得不到应有认定。

最后，认定信息源比较单一。就现有高校学生对象认定程序来看，学生对象认定过程的关键在于学生所填的家庭经济状况调查表是否情况属实。在这一环节中，由学生本人自行填写调查表由学生户籍所在地进行认定盖章。学生所在地民政部门工作人员不能全面核实学生的家庭经济困难情况，主要依据是所在村或居委会提供的证明，而所在村或居委会提供相关证明不一定保证真实可靠，因为同村乡亲受到人情面子的人为影响产生签字盖章的不可靠性，这一情况成为影响学生对象证明真实性直接路径。在其他步骤存在单一信息源的问题，如班级评议、年级评议小组与领导小组审核的人数是少数人，这些人的评价都包含主观感情因素以至影响学生对象的客观认定。所以，高校学生对象认定的信息源依据太过单一，不能保证其客观全面性。

8.1.2 基于数智技术的高校学生对象认定方法

数智技术对教育赋能精神生活共同富裕来说是机遇和挑战并存，高校学生在学校学习与生活形成了大量的数据，如何从这些教育数智技术中分析出有价值的信息，是当前做好高校学生对象认定工作必须要重视的问题。

首先，基于多维认定体系的数智技术信息收集。以前高校学生对象类别认定是以学生家庭经济困难情况来划分,属于传统的学生对象认定体系。随着高校数字化信息化建设的推进,学校相关管理部门可以方便获取所有学生的种类信息,比如,学业成绩、饭卡消费情况、图书馆借书次数。这些数据体现了学生在校期间的行为,经过各种数据的融合应用,我们可以全面地了解在校学生的表现情况。例如把学生学习成绩与一卡通消费数据关联起来,可以得出学生的消费水平与学习成绩的相关关系,把学生助学金的金额和图书馆使用数据关联起来,可以得出品学优良的学生对象与珍惜学习的相关关系。

应用多维度的学生对象认定体系可以定量分析学生对象的类别,相对于以单一的家庭经济困难情况为标准的传统认定体系,数智技术认定体系是以在校学生学习生活产生的各种数据为基础,综合挖掘和分析家庭经济困难情况、学生在校消费情况与在校学习表现等多方维数据,并把这些数智技术作为认定学生对象的主要依据,这种数智技术认定方法更加精准、更加客观,还可在后期进一步监督管理学生对象的消费数据和在校的学习表现。

其次,基于数据库的学生对象资格信息挖掘。要提高学生对象认定的有效性与准确性,必须保证可获得高校学生对象的全面信息,而要做到这一点仅靠各高校是不行的,这就需要充分利用与发挥出数智技术的作用。各高校要应用数智技术建立各个部门协作的学生对象动态数据库,包括教育、民政与银行等外部合作部门。建立高校学生对象的智能数据库,可以在数据库里中实现数据共享,有利于补充与完善学生对象认定过程中存在的"一评定终身"的不足。一般高校对学生对象评定一次就不再对学生对象进行再次评议,但是每个学生对象的自身条件会随着社会环境的改变而随之发生变化,例如某位学生家里成员突然出现重大疾病或遭遇重大自然灾害引起经济困难等。如果没有高校动态学生对象数据库,就不能让教育援助更加合理地发挥恰当的作用。建立动态学生对象数据库及其管理制度,也有利于对学生对象的情况改变作出相应调整,能够通过数智技术发现部分学生对象伪造的不真实情况,及时取消相应资格。因此,建立定期更新的数据库,为高校学生对象的资格认定提供有效的数智技术,更加便捷、真实地对学生对象进行有效资格认定。

最后,基于数智技术的学生对象认定方法。随着教育数据库的建立,可以利用数智技术、数学建模与数据挖掘等方法来对在校学生的海量数据进行分析与挖掘,形成了数智技术的学生对象认定方法,主要有以下步骤:学生数据处理、提取特征值、数学建模与数据挖掘。

第一步,学生数据处理。基于数智技术的学生对象认定,首先要把学生的相关数据从数据库中单独选取出来,删除学生的多余数据,补充学生的缺省数据,接着把数据转换为统一的数智技术识别的 KEY-VALUE 格式。智慧校园为每一个学生提供一个身份识别 ID 号,这一个 ID 可查找学生所有的相关数据。但是学生的相关数据不一定完整,例如有些学生在学校就餐数量较少,一卡通数据显示消费数额少,可是在校外就餐开销数额却较大,针对此类特殊情况就要综合考查处理。因此,只有统一格式化处理学生的相关数据,才能更有效客观地反映学生的相关情况。

第二步,提取特征值。基于多维认定体系的数智技术信息来源比起以前的学生一卡通消费的数据挖掘更加宽广,可以对学生多维数据中提取相关的特征值,例如可以知道学生的消费情况、生活水平状况、学习成绩、班级排名等情况。提取特征值方便观察用各个特征的关联关系,并依据类别特征的关联关系进行分析。挖掘出每一个特征对学生对象的影响作用,进而分析每一个特征作用的显著大小,在学生对象认定的数据挖掘时对每一个特征赋予不一样的权重。根据学生对象的量化认定指标,通过标准化处理总结区分每一个学生的相关情况类别。

第三步,构建认定数智模型。学生对象认定模型是应用已有的分类聚类算法与关联规则方法等模型,对学生对象的具体情况进行具体分析时,有必要对已有模型进行修改进行优化。随着数智技术的发展,一大批基于分布式的计算算法模型陆续问世,这些新模型比传统的数据挖掘算法模型在处理时间效率与精确度上都提高不少,主要优点体现在模型参数的调整上,每一个模型关键参数的调节,特征值权重的设置,直接影响到结果的变化值。

8.1.3 基于数智技术的高校学生对象认定实证分析

精神生活共同富裕是中国式现代化中国特色与本质要求的重要体现。要全面、准确衡量精神生活共同富裕的实现程度,就需要以马克思主义精神生活共同富裕思想为理论指导,以习近平总书记关于精神生活共同富裕的重要论述为根本遵循,在确立"五个文明"作为指标体系基本框架的基础上,构建遵循精神生活共同富裕基本内涵、符合新时代中国特色社会主义建设实际、能够进行地区差异化比较、具有代表性和可操作性的具体评价指标体系[①]。评价指标体系获取的数据主要来自调查问卷、实地访谈、建档立卡信息、数智技术收集等,必须搜集检索相关的学生对象认定体系的标准指数,对相关数据进行详细的测试和筛检,有效建立相对应的评价指标体系。

1)指标体系构建

构建精神生活共同富裕指标体系是推动实现精神生活共同富裕的必然要

---

① 王丰.精神生活共同富裕评价指标体系构建[J].西南大学学报(社会科学版),2023,49(06):35-51.

求[①]。构建学生对象评价指标体系必须参照教育赋能精神生活共同富裕政策的相关内涵,目前,学生对象识别指标体系主要涵盖五个一级指标,分别是家庭、个人、学校、社会与特殊因素;二级指标分为人均收入家庭等 19 个定量指标。精神生活共同富裕指标体系是指将精神生活共同富裕的属性或特征的某一方面的标识具体化、数据化、可操作化,并形成相互有机联系的指向与标准,赋予相应权重的过程[②]。结合熵权法的原理,通过指标矩阵、数值标准化处理、确定贡献度与求各指标信息熵,最后确定指标的权重。

2)指数分析

应用数智技术的学生对象认定方法,结合某高校 2019 级 a 班的实际情况进行实证分析。仅用学生学号尾数作为身份识别,提取 a 班学生学生对象认定的指标指数(如表 8-1 所示)。研究结果显示:a 班学生的指数由高到低的 10 位分别为 402>397>399>405>408>419>421>391>403>396,指数由低到高的 10 个分别为 387<380<395<383<401<425<398<400<427<461。

基于数智技术的学生对象认定体系的一级指标有 5 个,它们的影响权重各不相同,其中,家庭因素为 0.327、个人因素为 0.021、学校因素为 0.265、社会因素 0.196 特殊因素为 0.196。从上述五维一级指标来看,家庭因素的权重最高,学校因素次之,最后是个人因素,结果显示家庭因素是学生贫困形成的最主要原因,个人因素不是学生贫困的主要原因。

基于数智技术的学生对象认定体系的二级指标有 19 个,这些指标里权重最大的 3 个指标:财产损失金额为 0.192、学生贷款金额为 0.165、打工或兼职月平均收入为 0.131;这些指标中权重较小的 3 个指标为:手机价值为 0.002、个人月平均生活费用为 0.002、其他电子产品价值为 0.002。从 19 个指标体系的影响权重来看,财产损失金额(0.192)是造成学生贫困的最主要因素,个人月平均生活费用 0.002 是造成学生贫困的最小因素。

表 8-1　某高校 2019 级 a 班认定指数

排序	PM	学号	排序	PM	学号	排序	PM	学号	排序	PM	学号	排序	PM	学号
1	0.417	402	4	0.237	405	7	0.219	421	10	0.195	396	13	0.165	426
2	0.359	394	5	0.237	408	8	0.209	391	11	0.178	397	14	0.162	407
3	0.349	399	6	0.233	419	9	0.197	403	12	0.172	385	15	0.153	404

① 张仙凤.精神生活共同富裕指标体系的构建探析[J].理论视野,2023(11):59-64.
② 吴朝邦,左亚文.新时代精神生活共同富裕指标体系构建探究[J].广西社会科学,2023(08):100-107.

（续表）

排序	PM	学号	排序	PM	学号	排序	PM	学号	排序	PM	学号	排序	PM	学号
16	0.149	416	22	0.131	430	28	0.086	388	34	0.059	461	40	0.042	383
17	0.148	379	23	0.123	412	29	0.083	381	35	0.057	427	41	0.040	395
18	0.145	414	24	0.111	424	30	0.078	413	36	0.057	400	42	0.040	380
19	0.142	390	25	0.103	392	31	0.073	428	37	0.048	398	43	0.039	387
20	0.139	415	26	0.101	389	32	0.063	384	38	0.046	425			
21	0.137	420	27	0.088	393	33	0.060	423	39	0.045	401			

3）结论分析

为了实现基于数智技术的学生对象认定精准化，提高教育精神生活共同富裕的有效性，参考学术界的研究结果，对于学生对象的指标体系中主要包括了家庭、个人、学校、社会和特殊情况的五个因素，确定 19 个二级指标，包括家庭人均收入、每月的平均生活消费、近几年受到的资助、志愿活动情况、每月的兼职情况及收入等，采用基于多维认定体系的数智技术信息收集、基于数据库的学生对象资格信息挖掘、基于数智技术的学生对象认定方法，结合某高校 2019 年 a 班的学生对象认定实例，得出三个结论：第一，排名前十的尾数学生指数分别为 402＞397＞399＞405＞408＞419＞421＞391＞403＞396，指数最低的学生的数量是 387＜380＜395＜401＜425＜398＜400＜427＜461，分别和指数最高的 10 个学生之间的一致性和最终结果的学生对象在 2019 年是 70%，这表明新方法是相对可靠的。第二，在五个维度和一个层次的指标中，家庭因素是影响最大的因素，学校因素次之，个人因素最小。第三，最具影响力的是学生家庭因为重大事件而造成了家庭财产损失，再者就是往年学生的贷款数量，和有影响力的指标是个体的平均每月的生活费。

4）优势研究

第一，有利于提高育人成效。对于个人而言，在数智技术基础上进行的学生对象的识别，能够对学生教育更加有针对性。利用数智技术进行识别辨别学生的相关情况，在熵权法和线性加权综合模型的基础上通过实证分析验证模型准确性以达成对学生对象的客观且准确识别。通过数智技术分析指标体系，提高识别准确性、确保教育有效性、保证工作科学性，维护学生对象的真实利益。

第二，有利于完善育人体系。数智技术与方法对学生对象的认定更加客观与准确，也有利于引导各种各样的教育取向，主要体现在采用基于数智技术的多维指标体系覆盖家庭、个人学习、社会实践、工作学习和道德素质等指标在工作中更加合理与实用,基于数据库的学生对象资格信息挖掘有问卷调查、家访、半结构化访谈、一对一谈话等方式进辅助学生对象动态跟踪管理。

第三,有利于落实教育政策。党中央、国务院高度重视教育精神生活共同富裕工作,并相继发布了一系列政策。推进数智技术相关平台的建立,可以看到党和国家的关心和重视,是在教育精神生活共同富裕的事业中深刻领悟"两个确立"的决定性意义,进一步增强"四个意识"、坚定"四个自信"、做到"两个维护",坚持以中国式现代化推进中华民族伟大复兴,显著突出党和国家的意志和智慧。

8.2　数智教育赋能精神生活共同富裕具体案例分析

数智技术对于精神生活共同富裕有着及其重要的作用,认定、管理、帮扶、培养和提升是这一过程中的必要环节,可结合上述五方面的相关案例展开进一步的研究。

8.2.1　精准识别案例

中国科学技术大学第一个运用数智技术进行了贫困识别,通过运用数智技术对学生们在食堂的消费情况进行分析,为事实上的学生对象充值饭卡。在校学生出现一个月食堂就餐 60 多次,而消费少于 420 元的,即平均每次就餐不足 7 元的学生自动成为资助对象,学生不要申请、不要审核。如此一来,申请贫困补助的人数规模也有所扩大,当然在此过程中也对数智技术分析的相关软件进行了改进,保障能够对所有学生的实际情况有更为精准的掌握。数智技术可以对学生情况进行掌握,既能够使真正贫困的学生得到资助,又合理使用了资金,同时还保护了学生的隐私。对于当下的许多学生来说难言之隐可以通过运用数智技术分析的方法得以克服,同时保证了效率和公平,充分展现了数智教育在赋能精神生活共同富裕上扮演的极其重要的角色,在社会层面得到了普遍的认可。

8.2.2　精准主体案例

学校使用数智技术开展"一对一"的结对活动,联络专业教师、热心校友和知名企业家等参与活动,签署配对责任信息,记录分析援助情况,真正做到对口帮扶,提供反馈渠道充分保护学生的权益。通过运用数智技术的"一对一"帮扶,有利于实现校内外联动帮扶,使工作变得更容易、更有针对性,同时对具体情况跟进和监督,真正了解学生对象的情况。

8.2.3　精准培养案例

一所大学通过一卡通收集学生选课、进出宿舍、图书馆、食堂消费、超市购物等记录,并收集 2 亿多条刷卡记录。通过对校园卡前后刷卡记录的分析,可以发现 800 多名孤独流浪者,在学校没有朋友,其中 17% 的人可能患有精神疾病,其余的人可能通过意志力克服症状,需要学校和父母的照顾。该案例通过对校园卡记录,分析得出校园中同学的交际圈,基于此可以更加全面地了解学生对象的心理状态。同时该案例的分析具有可借鉴性,例如寝室进出时间、图书馆进出次数以及借书记录、日常消费情况等来分析阅读爱好、寝室和睦情况以及经济情况。对这些数据信息的把握,结合实际调查情况,更加容易对学生对象的整体形象进行数据化分析,以此,方便达成精准培养、精准管理等目的。该案例体现了数智技术对于精准培养以及精准管理具有巨大的潜在作用。

8.2.4 精准管理案例

大学建立支撑教育精神生活共同富裕的数据库,在马克思主义学院、文学与传媒学院和人文学院试行一卡制,面向在校学生 7 330 人推出马克思主义原理、中国特色社会主义、近现代史纲要、思想道德修养与法律基础、电视摄像概论、文学概论、语言学、民族考古学概论等 36 门课程,基于学生的刷卡数据开发了刷卡考勤系统。学生到达教室必须刷信用卡签到,并将学生的考勤数据汇集到高校数据库中去,这个办法促进了学生上课考勤登记与考勤信息的跟踪管理,提升了工作的速度,并有助于学生养成良好的学习习惯,以避免放松和松弛。随着出勤数据的积累,充分了解并采集了课程信息,对运用情况进行详细的统计,并录入相应的数据,形成出勤数智数据,不仅便于查询和统计,而且为未来的数据分析提供了可能性,为学生学习行为分析提供了基础数据。另外,通过了解学生对象对职业生涯的规划、就业兴趣、素质能力、实践经验、健康状况等,可以对其进行相应的合适工作的推荐,并对"服务需求"做出良好的响应。通过运用数智技术能够更好地帮助学生对象找到适合自己的工作岗位,提高学生对象找到工作的效率,减少学生对象的就业压力。此案例充分展现了运用数智技术能够更加准确的管理数智教学课程和就业市场对接。

8.2.5 精准提升案例

教育精神生活共同富裕的产出效应具有复杂性。人力资本投资促进深度发展的实证研究较少,通过数智技术对人力资本的各项变量的相关关系进行深度分析,揭示了人力资本内在复杂性。依据人力资本投资理论,应用数智技术对教育回报进行实证研究,用定量分析方法探讨人力资本和经济收入之间的相关关系。结果显示,教育与收入有明显的正向影响。低于一般的教育回报率说明低水平教育的作用十分有限,这从一个侧面说明教育效率还有待进一步提高,为教育回报——精神生活共同富裕提供了有力证据,进一步验证数智教育赋能精神生活共同富裕的可行性和合理性。

经济学家明瑟根据教育年限与工资之间的相关关系推导出收入决定的函数模型,该模型涉及两个变量,即教育与工资经历。人力资本的静态存量主要衡量劳动力平均教育与最高收入劳动力的人力资本水平。基于我国深度具体实际根据明瑟测算理论对人力资本内容进一步拓展,构建了人力资本与深度收入的关系模型。应用 OLS 的方法,可以估计出人力资本对深度收入的边际影响,讨论物质资本、人数、身份特征、年龄结构、健康、迁徙、教育水平,得出了收入与人力资本、物质资本的相关关系。教育回报率低是低水平教育和人力资本其他变量的相互影响的结果。为了分析在健康与迁移的不同条件下教育的作用,应当增加教育与其他因素的相关关系。例如,成员身体健康状况对教育收入具有正向影响,而极度贫困成员的教育收入偏低,身体不健康是教育收入低的一个重要原因。

8.3　数智教育赋能精神生活共同富裕的实践路径

8.3.1　强化党对数智教育赋能精神生活共同富裕领导作用

在教育精神生活共同富裕的运行中必须充分发挥党的各级组织承担的独一无二的显著作用。首先,充分发挥党的领导核心作用。中国特色社会主义最本质的特征是中国共产党领导,中国特色社会主义制度的最大优势是中国共产党领导。党在百余年奋斗历程中,坚持把人民至上作为价值追求,践行以人民为中心的发展思想,将实现精神生活共同富裕作为重要使命。推动精神生活共同富裕是一项系统性工程,只有充分发挥党总揽全局、协调各方的领导核心作用,才能广泛凝聚社会共识。必须建立健全推动精神生活共同富裕的协同体制机制,深化分配制度改革,不断完善中国特色社会主义法治体系,形成推动精神生活共同富裕的协同政策框架和有利环境。其次,凝练发挥基层党组织的战斗堡垒作用。基层党组织是党的重要基础,在教育精神生活共同富裕攻坚战中发挥着战斗堡垒的作用。应该充分发挥基层党组织在教育精神生活共同富裕方面的作用,重点建设强化组织核心建设,加强目标管理,全面完善工作团队和服务机制,守望全心全意为人民服务的初心,创建一个坚实且强有力的基层战斗堡垒。最后,充分发挥党员干部的模范作用。作为中华民族、中国人民和工人阶级的先锋队,各级党员干部要带头做好教育精神生活共同富裕工作。具体来说,做项目设定的指导者,有效地指导教育精神生活共同富裕工作;做项目实施的协调者,协调教育精神生活共同富裕项目的实施;做项目效果的宣传者,积极地把政策、法律法规和党的政策向广大人民群众宣传灌输,进一步推动政策的贯彻落实。另外,党的干部特别是基层干部也必须坚持党的原则和宗旨,全心全意为人民群众服务,积极探索,明确责任,落实任务,规范程序,改进系统,实现理念正确、责任明确、效果良好的政治支持。

8.3.2 坚持政府在教育精神生活共同富裕中的主导地位

坚持政府主导是教育精神生活共同富裕应当坚持的重要原则,人民政府决不能忘记自己的重要责任,必须建立建成协调有序、权责分明、各司其职的数智教育工作机制,整体推进教育赋能精神生活共同富裕工作任务,不辜负人民群众的期待。

首先,对教育装备信息化进行中长期规划,建立义务教育阶段学生流动预测与控制机制。完成城乡数字化学校建设、改建、扩建目标,各学校建立辖区内数据准确的适龄儿童少年名册,建立健全全市持卡子女数据库。其次,不断加强和完善均衡发展的机制,积极开展对口帮扶,扩大教育重要性的宣传教育,加强管理和引导优质资源辐射拓展,扩大优质教育资源共享,消除城乡之间以及区域之间学校的差距,提高区域教育质量。再次,坚持落实国家减负规定,完善优化教育体制机制和工作路程。通过数智技术推进义务教育、基础教育向多样化、特色化的素质教育创新协调发展,事实上减轻学生负担和学习效率。最后,健全教育精神生活共同富裕资助体系。依托数智技术合理分配国家助学金,准确配置生活补助,有条件性地减免、补助子女的学生安全保险、教辅材料、生活费等费用,完善学费和生活费的补充机制,满足学生的日常学习生活的需要。

政府要全面深化教育改革,加强对教师的建设和管理,不断地完善教师队伍,促进教师队伍的优化建设。首先,拓宽教师的辅助渠道,通过数智招聘区块链平台提高招聘教师的师资力量。对发展较为落后地区学校的音乐、体育、美术等课程的教师实行直接考核,对于师资严重短缺的学校适当配备临时人员缓解师资短缺的矛盾。其次,实施教师优惠政策。优先安排师范生毕业的职务设置和就业管理,全面落实关于教师的政策要求,解决教师在工作生活特别是衣食住行中出现的棘手问题。再次,大力提高教师的师资力量和专业技能,通过集中培训甚至是远程培训确保新老教师培训提高职业修养和业务水平。最后,促进教师合理流动,健全教师成长规划体系。教师流动是教师资源的重新配置,涉及各方的切身利益。教师流动的目的在于合理配置师资,促进区域内义务教育的均衡发展,从而推动教育乃至社会的公平与和谐。

8.3.3　推进数智教育赋能精神生活共同富裕制度化

在数智时代,教育制度的安排必须注重整体性、准确性、长期性和有效性。首先,明确主体责任。教育精神生活共同富裕具有政治性、战略性和基础性特征,必须依法将教育主体的社会行为和社会地位进行规范,建立全社会合力参与的教育工作机制。其次,提高社会地位。教育部门主要负责贯彻各种教育相关领域和地区的关于改革创新政策战略和设计规划,使全社会共同投身于工作的浪潮中。适当的独立性、决策权和行政权是教育精神生活共同富裕的新要求,让有限的、优质的、稀缺的教育资源得到巨大的、无限的、未来的效益。再次,重视顶层设计。所谓顶层设计,实际上就是全局意识,站在高处俯瞰,清楚了解和把握各方面具体情况,对全局工作进行整体设计、整体关照。设计关系全局的工作方案和工作规划,必须要有顶层设计的眼界和高度,才能抓住对于全局工作中具有根本性影响力的本质性问题。最后,关注灵活应用。在法律、法规、政策、目标和资金支持原则一致的前提下,兼顾原则性和灵活性,鼓励和允许有地方特色的政策方略,便于灵活开展个性化精准教育工作,强化主体责任和规范主体行为,使教育精准化、政策灵活化、手段实用化。

政府的教育政策和实施过程应当依法公开透明。精神生活共同富裕涉及大量的资金、组织、人事等资源,如果不予以公开,存在被挪用、被私分等暗箱操作、以公谋私的威胁。从权力运行的过程来看,数智技术鼓励公民执行监督,制约权力运行,打破了权力的隐蔽运行的逻辑,使暴露的腐败无处遁形。统筹行动计划和绩效管理,明确关于人员的责任,把控项目计划及预算,促进监督问责机制,对项目进展情况进行不定时、不定期评估,及时监督实施进度。不断提高责任追究的问责力度,将官员的责任追究制度复制到教育精准工作中,以明确责任和责任意识,让逐渐暴露的渎职行为、懒政行为、疏忽大意行为和以权谋私行为等受到督促和惩戒,让恶者归罪,追究行政、民事乃至刑事责任。因此,必须加强对内部工作人员和项目成员的管理需要,不断完善内部规章制度,建立有序和稳定的组织管理与运行机制、内部工作民主管理和参与机制、独立的评估和监督机构,保障社会组织高效良性运行。

"运动式"工作在短期内一定程度上能够有显而易见的治理成效,但缺乏长期与稳定的治理效果。"运动式"工作必须向"制度性"工作转换,建立数智技术的治理长效机制,使整个治理体系能够长久运行。面对更复杂、更具挑战性的新形势,必须探索一条团结统一、特色鲜明的教育新路子,依靠不同制度的内在完善和调整机制,如不同制度之间、新旧制度之间的衔接配合等,构建更加切实有效、强而有力的"全方位"的新格局,逐渐完善多维度识别标准,淘汰较为贫瘠简陋的识别标准，关注之前各种容易被忽略的因素。

推进数智教育赋能精神生活共同富裕工作必须坚持"实打实的投入，硬碰硬的建设"的原则，推进数智教育赋能精神生活共同富裕的硬件规范化建设，需做到"三个落实"。首先，落实规范建设。制定和出台数智教育赋能精神生活共同富裕工作的规范化实施计划，将各项工作纳入规范化的工作统筹中，更为严格规范化的组织建设任务。其次，落实队伍建设。在原有的组织基础上，配备文化高、责任感强、工作能力突出的干部充当中流砥柱的作用，壮大工作队伍，提高工作效率。最后，落实设施配套。努力保障各项工作的任务和指标能够完成，必要的硬件建设和软件设施必不可少。

推进数智教育赋能精神生活共同富裕的基层基础规范化建设，应当购置相关现代科技产品，帮助各层级工作建立方便工作的设施保障。其一，办公信息化。完善台账管理信息化工作，及时更新人口名单，将全部信息录入数据库。其二，资料档案化。必须做到资料完整，准确分类，条理清楚的要求，扫描、拍照所有的材料，整理归档全部相关的文本、图片、音像资料，形成符合现代科技要求的，符合国家新标准的电子档案，供长期使用、长期保存、长期引用。其三，台账电子化。将所有分散的、有价值的电子资料整理归纳到统一的电子档案资料信息库，体现我国公务系统精准工作的有效性和真实性。

8.4　加强数智教育赋能精神生活共同富裕工作的着力点

8.4.1　树立数智教育赋能精神生活共同富裕理念

首先，主观思维向科学分析转变。为了保证教育工作在主观思维中能够顺利推进，必须利用高新技术数据化、可视化、量化地分析结合各种不同个体的情况和个人学习情况，以帮助学生对象能够在主观领域实现飞跃，有目的、有条件、有范围地在工作过程加以改进，不断发现和抵制各种不同的纷繁复杂的有差异性的主观问题，实现政策的有效实施，得到有利于实际解决工作具有科学分析立场的政策倾向。其次，"灌输式"向"滴灌式"转变。数智教育的理念不仅仅表现在识别环节，同时也是各个环节提升。数智技术应该按照"滴灌式"的要求，把数智技术真正应用到实处，把信息化工作加以有力推进，特别是云计算、云定位、云储存等数智技术，建立一个具有共同办公的高效率的网上信息化专业平台，以全面地提高工作效率，为精准治理提供更为可行的精准路径，推动方法理念的精准革新。最后，树立对象自主意识。帮助学生对象摆脱主观自身困境特别是和民俗方面的隐形压力所形成的困境，抛弃不符合创建美好生活的错误的观念和想法特别是读书无用论的想法,重视学生的物质需求和精神需求,从根本上把学生的主观能动性由内而外激活,能够真正做到少年立志,不负韶华。

8.4.2　完善数智教育赋能精神生活共同富裕精准识别工作

在数智时代,对象识别工作涉及的人员数目非常巨大、教育的相关政策数目繁多且效力极大、教育相关联的工作量属于极为巨大的行列。必须做到以下前提工作。一方面,完善识别流程。作为与学生关系最近的管理者,班主任和辅导员应在严格按照国家标准的基础上,积极和班干部们调查讨论、删选助学金申请名单,同学、室友等应加入学生对象识别环节,杜绝非学生对象浑水摸鱼,选出符合标准的适合的学生,详细记录好相关信息,结果对外公示、接受举报。另一方面,成立走访调研小组对学生对象相关信息开展核准,通过工作组和教师到户在各个村庄、各个社区和每个学生进行分开负责的形式,保证同学建档立卡顺利完成,确保全面且准确的识别、登记统计对象。

精准治理是国家治理体系中最薄弱的环节、最大的短板、最底层的根基,而其建设的理论和实践指向是治理精准化,其逻辑与现实的枢轴是问题精准识别。以大数据、云计算、区块链、人工智能、5G 等新技术为代表的新一轮科技革命浪潮带给精准治理的无限发展潜力,夯实精准治理的内生和外源基础,为实现制度优势向精准治理效能成功转化、推进精准治理体系和治理能力现代化提供技术支持和智能支撑。

其一,识别对象精准化。精准识别就是指在标准统一的情况下,精准辨别确认对象,了解导致原因,弄清需求。对于数智教育而言,作为一种先进技术的运用,并不是所有对象都符合条件,例如对于不具备数智技术运用能力的受教育过低的人群就不能采取这种方式。因此,对对象的识别不仅是要精准辨别出哪些人属于对象,也需要对这些辨别出来的对象是否符合应用范围进行辨别。在数智技术的时代背景下,综合多种数据的检测技术,以及完善的教育对象人口档案的建立,便可以对人口以及受教育能力的识别更加精准,也使得教育工作更加富有成效。

其二,识别程序科学化。目前处于巨大的数据时代,它带来了一场方法上的技术革命。在数智技术下,对教育对象的识别程序更加科学化,利用数据分析技术和量化方法,建立完善的教育对象数据库,不断更新数据,确保完整性和时效性。在教育识别程序上主要设计以下环节——自主申请、提交评议、调查核实、确立名单、公示审批。教育对象识别程序的科学化有利于提高教育资源投入的配置效率,同时也是保证教育过程中精准识别的重要保障。

其三,识别机制动态化。数智技术识别是有规程管理的电子化元件所进行的机械性的工作和活动。通过数智技术识别，实现教育对象机制的动态化。基于机械学习和数据挖掘技术，可以实现定期有效的识别、检查、更新人口信息，建立起动态的进退监督机制。对那些不再符合标准的对象及时进行销号处理，同时对于那些错评、漏评的人员及时纳入，将对象的删减和增补工作落实到位。在数智时代，进退监督机制的动态化也使得识别过程更加透明、信息更加公开，进而使识别结果更加公正。

8.4.3　建立专属数智技术平台助推教育精神生活共同富裕

完善技术发展与教育精神生活共同富裕的有效契合。国内对于数据挖掘的应用主要仍然在基于利益驱动的商业领域，数智技术的出现为精神生活共同富裕工作提供了新的思想。政府鼓励各数智技术平台以及学校数智库对于数据挖掘广度以及深度的应用，鼓励数智技术平台和数智库的数据挖掘应用幅度和深度，加强数据挖掘的技术在教育中应用。通过建立教育数智平台，实现多主体联合管理，特别是实现与其他相关部门和平台共享与教育有关的有限数据，最大限度地利用搭载有学生教育数据的数智平台为学生提供服务来有效解决学生的当前问题，不断提高教育精神生活共同富裕的数智技术平台上设置的有关技术和有效功能。

技术的发展是为了让人类更加容易、直观地理解世界。如今已经实现二维可视化技术的全覆盖，但是二维可视化技术向 3D 技术的转变依旧存在着瓶颈。三维可视化技术经过一个时期的积极快速开发，已经能够在目前百分之百地完全覆盖已经相对过时的二维技术，但在技术的转变升级的过程中，依然存在不可忽视、难以跨越的技术瓶颈有待解决。在教育方面的应用开发中，要积极发展三维可视化技术，让远程教育在现代社会中的先进前沿科技的效能发挥到最大。多媒体媒介的数智教育赋能精神生活共同富裕知识应用平台上能够搭载部分先进的远程教育的配置和应用，多方位的传输技术，在现代网络中开拓了一种移动万联、相互对话的双向的教育活动的方式方法。依靠计算机网络与多样电子集成信息工具的合作，学生可以按照自己的要求和条件，挑选喜欢的教师所开设的课程进行学习活动，让学生爱学好学，同时能够为我国最终建立符合我国国家地位的高水平的从幼儿教育到终身学习的教育体系[①]。打破时间和空间的束缚，让教育资源能够实现从教育资源丰富地区千里迢迢、不远万里却又轻而易举地进入教育资源贫瘠地区学生的手中[②]。

---

① 吴玲达.多媒体技术[M].北京:电子工业出版社,2003:5.
② 李红星.中国农村反贫困的教育途径探索[J].东北农业大学学报(社会科学版),2011,9(05):45-47.

8.4.4　加快建设我国数智技术与教育精神生活共同富裕复合型人才队伍

中国对数智技术相关技术骨干和科研工作者、应用工作者的需求急剧提升，人才增长的速度赶不上数智技术发展的速度，造成相关工作无法实际开展，出现了巨大的人才缺口，这是人才在短期大量不足在现实中的具体体现。在数智技术产业开拓创新的需要必须得到正视，创造属于我们自己富有强大竞争力的各个环节的产业链、富有活力的价值链和生态体系。面对国家的主要需求和国家经济开发的主要战场，制定关于政府的数据资源以及更大范围的社会数据资源的综合数智技术研究和应用规划管理，通过党和国家的大力支持，改善数智技术开发的政策环境，最大程度地发挥中国的"集中力量办大事"优势，将制度和市场优势落实到新一代正在高速发展的数智技术特别是基础性工程即数智技术信息资源基础构建上的建设，同时抓住关键环节和重点领域。

数智技术驱动的市场经过多年来社会主义市场经济的磨炼和经历，已经在市场中培育出足以创建多项才能团队的人才资源和教育资源。坚持数据开放性和市场导向，促进行业—大学—研究所的各个环节的合作，有条件的通过人与计算机的交互，利用新型的相互连接组成联系各个应用主题的联络之网，最终形成丰富、有活力的网络空间，塑造以数智技术应用研究为主线的深入整合的行业体系和人才体系。

中国目前有三大数智技术相关专业的学科建设和人才培育方式方法及渠道路径。首先，对当前具有数智技术的队伍进行关于教育精神生活共同富裕相关内容的职业培训，以提升其在工作中的工作信仰和储备知识。大量的教育相关理论能够通过讲座的形式或是公开授课甚至集中报班的形式进行传播和灌输，同时走进教育工作的工作场景，现场观摩教育的实践，在一个个帮助人群的案例和示例中达成快速掌握基础技巧的有关训练。其次，对当前在教育部门负责工作的人员开展有关数智技术的培训。在数智技术培训中心准备合适的课程使其在日常工作中能够有效地应用数智技术相关训练中掌握的新方法和新技巧，做到想用、会用、能用。最后，必须构建专业的数据人才资源储备库。社会组织应当加强人才队伍建设，设立相关的研究专业，引入竞争与考核机制，培养事业专门人才，培训组织成员，实现丰富专业知识、提高工作技能和强化能力。

8.5　促进数智教育赋能精神生活共同富裕的提升路径

8.5.1　教育精神生活共同富裕资源动态配置的实现路径

数智技术在教育资源配置市场崭露头角。政府通过公共领域宏观调控手段促进教育的发展,包括教育在内的公共服务领域需要政府更多资金投入。政府提供和主导教育公共产品的分配,必须一定程度上保持灵活性和特殊性。时间长、难度大、缺乏灵活性的传统教育资源分配无法适应数智教育赋能精神生活共同富裕的动态变化需求。在互联网和云技术逐步成熟的当下,教学组织实践呼唤数智技术对学校的信息资源进行有效管理、配置,实现教育精准化、科学化。

大学特别是我国双一流建设中的世界高水平大学,应该主动承担数智教育赋能精神生活共同富裕工作中的责任,为国立命,开发包括综合数智平台、数据资源整合配套系统、关键数据应用简化程序、关键信息集成的数据收集系统设施等,数据存储和数据分析都能在一应俱全的教育数智技术应用平台中得到很好的解决,保证党和国家提倡的工作现代化、便捷化。数据和应用的全面集成应该聘请行业内的顶级专家,通过专家及其背后的专业研究团体,研究和提供复杂且全面的数据处理程序,以减轻一流教师的负担。

教育精神生活共同富裕数据应用平台是一个先进的信息处理平台,学校在教育精神生活共同富裕数智技术平台中,可以通过其强大的数据收集和分析能力,全面有效地提高数据管理的质量和效率。同时,平台搭建的交流互助网络通过整合主要数据工具能够提高数据管理的质量和效率以改善城乡间和不同区域之间的学校资源配置,可以帮助教育资源不足地区和教育资源丰富地区的宝贵教育资源的交流,为教育发展较为落后地区的教师开展教学方案决策提供参考和证据。数智技术应用可以推进当前大学生进入支教的行列,促进高等教育与人才培养等领域的深度融合。为欠发达的我国发展较为落后地区带去丰富的社会资源、文化成果和社会科学研究前沿知识,提供有利于社会层面开展创新和服务的前沿信息。

采用立体的"教学结合"方式,加强学生个性化、深度化学习思维的培养。学校要重视学生的兴趣特点和个性需求,鼓励学生制定个性化的学习方案,让学生自己能够把握学习进度,实现个性化和高效化,让学生得到有益的体验。在数智技术基础上实现资源共享主要是针对整个国际乃至于整个世界各个高水平大学的普及化尝试。另一方面,学校要准确记录学生的成绩、实习、选课、参加社团活动、学习行为、学习方法和学习成果等信息,更有效地研究学生的学习情况和学习效果,从而提出有效的改进办法。通过收集、传输、分析、交换数据,在各个学科的教学课堂中,有条件公平公正地利用收集到的相关学习资源展开研究,帮助学生选择喜欢的课程,学生也能在数智技术提供的课堂学习中根据自己的收获所得和喜好善恶进行公平公正的评价和认定。

8.5.2 完善数智时代社会力量教育精神生活共同富裕的参与路径

在数智教育赋能精神生活共同富裕工作中社会组织将成为越来越重要的社

会力量之一。在当前环境下，社会组织应从以下几方面着手，积极主动参与数智教育赋能精神生活共同富裕工作，最大程度地发挥社会组织在教育精神生活共同富裕工作中的作用。社会上各种不合时宜的糊涂观念和错误思想必须在意识形态的高度上进行清醒的辩驳，始终保持高度的责任感、信念感，集中力量、攻坚克难，做社会力量精准教育精神生活共同富裕的坚定参与者。推进进入新时代后产生的欣欣向荣的新的社会舆论和思潮，积极推广传统道德中利国利民、体现一个人品质高尚的慈善精神和传统美德。让时代再一次涌入中国人的乐善好施的奉献精神，唤起一个个普通中国人在社会工作中的社会责任感和共同体意识，引导更多的有能耐、有背景、有能量的社会人士，尽情将自己宝贵的智慧和物质投入到教育精神生活共同富裕"百年树人"的高尚事业中。

首先，理顺政府与社会组织的关系。随着社会公益组织参与教育精神生活共同富裕不断发展暴露出制度性资源供给的短缺，行动的空间限制，因此要从制度层面支持公益组织参与教育精神生活共同富裕，将社会公益组织纳入教育精神生活共同富裕战略和行动体系之中，加强法律制度体系建设，落实针对社会公益组织发展和参与教育精神生活共同富裕的相关法律和政策，明确与规范社会公益组织在教育工作中的地位、职能和组织形式等，激发组织发展的内在动力。社会组织应当配合政府有效进行教育精神生活共同富裕资源动员、配置和使用，争取宏观政策与微观行动的政府支持。同时合作政府开展项目试点，推进成功的常态化试验，沟通政府、影响政府，参与到教育精神生活共同富裕政策制定的顶层设计和国家治理工作中去。政府在宏观政策支持之外的微观运作上，建立相对独立和明确职权的社会公益组织管理体制，在问责、评估、自律、互律框架下形成社会公益组织参与教育精神生活共同富裕的制度保证。

社会组织应妥善优化整合社会资源，赢得企业与市场的支持形成社会合力。社会参与政府教育的项目中，可以参考国内外社会组织的教育中改变社会组织和政府的思维以及传统做法的相关改革经验。这些组织和政府曾经相互对立，结果却造成相关事务中而制约着工作的进行，政府应该积极给有意于参与合作的社会组织发展的适当空间，在依法领导的基础上，对社会组织的建设实践进项有范围限制的帮助和指导。相关的社会组织也应该不断提升和强化自己的看家本领，积极响应政府关于社会建设的决策主张，积极配合政府开展的社会建设实践，给予政府领导社会建设各项最大信任和支持，致力于打造政府主导、市场带动、社会组织融合发展的多元主体协同机制[①]。

其次，优化社会公益组织参与的存量开发与政策引导。当前，社会公益组织

---

① 黄刚.时代境遇理论本质现实道路社会主义社会建设研究[M].北京:经济科学出版社,2012.

与政府部门之间存在缺乏有效的沟通与合作的不利境况。为了建立和完善社会公益组织和政府部门之间的强而有力的切实可行的互信合作体系,在教育工作实务中,一定的教育管理权的分散使社会承担起教育服务和产品供给,以开放包容的态度赋予公益组织更多的参与自由,能够促进社会公益组织提高综合能力。社会组织在传统意义上扮演的角色伴随着人们对优质教育资源的追求日益强烈而不断升级。社会公益组织的工作格局势必要发生变革,组织的功能必然要进一步拓展。在现代化进程和技术革命的驱动下,互联网已成为新形势下的精准工作的基本技术支持,社会公益组织要以互联网技术为支撑,不断进行多元化创新探索,满足多元主体的个性化、发展性教育需求。

最后,构建多方协同合作的教育精神生活共同富裕新格局。政府应该利用市场手段和方法,先通过市场化的倾向让社会组织和国民个人理解教育存在巨大的资源空缺和投资机遇,让教育重新出现在大众的视野中,成为人人认同和重视的一份重要的社会责任,让政策可以更好、更彻底地实施,推动精准教育精神生活共同富裕工作的开展。企业是市场的基本主体和社会的重要细胞,能够为社会组织开展教育精神生活共同富裕项目提供有力物质保障。市场以企业为载体为教育精神生活共同富裕中提供重要资金支持。

社会组织参与教育精神生活共同富裕工作必须进一步明确身份和角色定位。社会公益组织有益补充了政府教育精神生活共同富裕工作,组织专业性是其比较优势。因此社会组织参与教育精神生活共同富裕工作,要结合自身的专业特长和群体的特点,有针对性地选择教育精神生活共同富裕项目,注重加强各项专业能力的提升,优化参与项目制定以完善项目管理与运行,落实项目实施效果的追踪调查,完善组织内部的各项管理与监督制度,健全财务管理制度,建立专业性管理建立项目和人事管理制度,提高透明度和管理的灵活度,提高组织及其下设项目的社会公信力。

8.5.3 坚守数智时代社会力量教育精神生活共同富裕的本质目标

根据历史唯物主义的基本观点,精神生活共同富裕包括心理生活、文化生活和信仰生活的精神生活共同富裕。精神生活是人作为社会性个体追问生活总体性意义的自由存在。精神生活共同富裕并非物质生活精神生活共同富裕的附属性存在,而是以现实人的社会自由为本质规定。精神生活共同富裕不是整齐划一的相同状态,而是对应着人能够走出封闭性原子式个体的消极自由,通过社会物质生产活动而开放自我并建构与他者共在的多样性意义世界①。

---

① 袁富民,张晖.精神生活共同富裕的本质规定、内在结构与促进路径[J].伦理学研究,2023(06):24-28.

社会主义核心价值观作为心理生活的重要基石,能够纾解中心失焦、心理失序和心态失衡等心理陷阱,进而培育自尊自信、理性平和、积极向上的社会心态;作为文化生活的价值标尺,能够调节文化供给、文化享有与文化交往的内在矛盾与瓶颈问题,从而确保文化生活的充实丰盈、和谐有序和自信状态;作为信仰生活的意义支撑,能够回应社会转型期中的信仰问题,继而形塑信仰生活的理性认知、精神自觉和惯习图式[①]。

注重精神生活共同富裕的伦理底色,发挥其在人民精神生活中的规范和引领作用,有利于推动精神生活共同富裕朝着更加合乎善性、合乎伦理的方向发展[②]。精神生活共同富裕是在思想、观念、信心上,不能仅停留在经济层面,更应该参与到教育教学的实际过程之中。首先,我国主流的社会主义意识形态相关的道德教育不可松懈,必须一以贯之,同时在个体上,保障每个学生的精神心理健康教育。在教育教学中,把培育学生的思想素质和道德素质作为重中之重,深刻发扬中国传统美德。其次,针对部分学生对象存在的"等、靠、要"思想,要提高自助意识让学生从小立下远大志向,明白少年壮志的重要性,让其在当前的困难境遇依然不放弃,做到自强不息、厚德载物。再次,抓好励志教育,要充分发挥奖学金的导向作用,挖掘受资助的优秀学生典型,用学生身边的真实事例激励广大学生积极进取、刻苦学习、立志成才。最后,组织全校师生开展具有普遍意义的诚实信用教育活动,为获得学生助学金和学生贷款的学生特别以一对一的形式进行有意义的实践活动。

---

① 柏路,乔庄.心理·文化·信仰:社会主义核心价值观引领精神生活共同富裕的三维向度[J].社会主义核心价值观研究,2023,9(04):14-22.

② 刘耀东,柯冷日.精神生活共同富裕的伦理意蕴[J].新疆师范大学学报(哲学社会科学版),2024(7):1-9.

参考文献

[1] [印度]阿玛蒂亚·森. 以自由看待发展[M].北京:中国人民大学出版社,2012:62-63.

[2] [印度]阿玛蒂亚·森.中等收入陷阱无法解释中国经济[EB/OL].https://www.thepaper. cn/newsDetail_forward_1435842.

[3] 白勤,陈燕."人民精神生活共同富裕"的理论深蕴与思想智慧[J].重庆社会科学,2023 (07):93-105.

[4] 柏路,乔庄.心理·文化·信仰:社会主义核心价值观引领精神生活共同富裕的三维向度 [J].社会主义核心价值观研究,2023,9(04):14-22.

[5] [美]保罗·福塞尔.格调:社会等级与生活品味[M].梁丽真,乐涛,石涛,译.上海:世界图 书出版公司,2011:310.

[6] 鲍俊逸,程晋宽."国家精英"是如何形成的——布尔迪厄对法国大学校的社会制度分析 [J].教育学报,2021,17(06):90-100.

[7] 蔡莉妍.数字经济时代数据安全风险防范体系之构建与优化[J].大连理工大学学报(社会 科学版):1-8.

[8] 蔡云,鲍亚.学前教育专业师范生创新素养:理论内涵、构成要素与培育路向[J].齐鲁师范 学院学报,2024,39(02):17-25.

[9] 陈飞,郭兴华.高校学生社团组织育人功能研究[J].学校党建与思想教育,2022(08): 74-77.

[10] 陈红平.易地搬迁脱贫人口稳岗就业服务链构建探究[J].云南大学学报(社会科学版): 1-8.

[11] 陈思宇,胡承槐."精神共富"何以可能:精神生活共同富裕实现的理论逻辑与推进路径 [J].东岳论丛,2024(03):14-23,191.

[12] 陈旭辉.面向共同富裕的基本公共文化服务均等化:政策逻辑与路径选择[J/OL].图书馆 建设:1-11[2024-02-22].http://kns.cnki.net/kcms/detail/23.1331.G2.20231031. 0830.002.html.

[13] 陈衍,王佳倩,郑潇敏.面向全球技能发展:青年、教育与就业[J].华东师范大学学报(教育

科学版),2024,42(04):39-50.

[14] 陈奕涛.阶层流动视角下的农村新"读书无用论":现实表征、发生逻辑与治理策略[J].理论观察,2022(05):55-60.

[15] 陈周旺.福利治理为什么重要:超越福利国家模式[J].行政论坛,2021,28(04):26-33.

[16] 邓悦,肖杨.基于精准识别的乡村振兴质量动态评价体系构建:逻辑框架与应用分析[J].宏观质量研究,2022,10(02):62-75.

[17] 杜喆,赵金科.习近平精神生活共同富裕重要论述的历史唯物主义意蕴[J].学术探索,2023(09):19-24.

[18] 段洪斌,赵冬青.西部贫困地区产业扶贫模式创新研究——以临夏州和政县啤特果产业为例[J].开发研究,2015(06):55-58.

[19] [美]厄尔斯·尼尔森.理解信念:人工智能的科学理解[M].王飞跃,赵学亮,译.北京:机械工业出版社,2017:8.

[20] 范云霞.教育资本:定义、模型与运作分析[J].教育学报,2018,14(01):51-57.

[21] 方红,陈铭津.布迪厄实践理论视角下乡村教师培训的实然矛盾及应然路向[J].教学与管理,2024(09):31-34.

[22] 方益权,曾金燕.马克思受教育权思想探析[J].社会科学家,2019(11):149-153.

[23] 冯华.一些贫者从暂时贫困走向跨代贫穷[N].人民日报,2015-01-23(17).

[24] 冯维,王雄军.福利国家的理论源流及对中国福利体系建设的启示[J].治理研究,2018,34(03):90-97.

[25] 付忠勇.高校学生社团建设的优化路径[J].学校党建与思想教育,2019(20):66-67.

[26] 盖凯程,周永昇.所有制、涓滴效应与共享发展:一个政治经济学分析[J].政治经济学评论,2020,11(06):95-115.

[27] 龚露,肖菊梅.社会公益组织参与乡村教育治理的价值、困境与路径[J].教学与管理,2024(03):28-33.

[28] 郭凤凤,高家骥,燕飞.人的自由全面发展思想及现实思考——基于马克思《1857—1858年经济学手稿》的考察[J].辽宁省社会主义学院学报,2023(04):10-15.

[29] 郭广,李佃来.精神生活共同富裕的核心要义、价值意蕴和实践路径[J].学习与实践,2023(11):13-22.

[30] 哈巍.中国农村义务教育经费体制改革四十年回顾[J].教育学术月刊,2017(12).

[31] 韩煦.高校学生社团育人效能的现状分析及其提升对策[J].思想理论教育,2021(01):108-111.

[32] 郝文武.高质量教育公平的本质特征与价值追求[J].教育研究,2023,44(10):22-32.

[33] 何静,董君亚.Sora引发的媒介革命:中国AI面临的挑战与应对[J].阅江学刊,2024(3):1-9.

[34] 洪朝辉.论中国城市社会权利的贫困[J].江苏社会科学,2003(2):116.

[35] 侯雅莉,谭涛,周军.问题精准识别:技术赋能乡村治理的逻辑与现实枢轴[J].南京农业大学学报(社会科学版),2021,21(04):50-58.

[36] 胡家祥.马斯洛需要层次论的多维解读[J].哲学研究,2015(08):104-108.

[37] 胡锦涛.坚定不移沿着中国特色社会主义道路前进为全面建成小康社会而奋斗——在中国共产党第十八次全国代表大会上的报告[J].求是,2012(3).

[38] 黄承伟,刘欣.新中国扶贫思想的形成和发展[J].国家行政学院学报,2016(3):63-68.

[39] 黄刚.时代境遇理论本质现实道路社会主义社会建设研究[M].北京:经济科学出版社,2012.

[40] 黄丽静,朱敬.我国普通高中建设制度变迁脉络、逻辑与路向[J].教学与管理,2024(10):7-12.

[41] 黄萍,刘裕章.价值、困境与路径:高职院校贫困生精神扶贫的三重维度[J].宁波职业技术学院学报,2024,28(01):52-56.

[42] 黄玮杰.劳动力再生产领域的资本化及其效应——基于对西方"人力资本"理论的批判[J].南京社会科学,2023(12):17-24.

[43] 黄意武.精神生活共同富裕视域下公共文化治理的转向、困境与适配[J].中州学刊,2023(12):70-76.

[44] 纪明,曾曦昊,王竹君.交通、教育基础设施的共同富裕效应研究——基于异质性视角的考察[J].南京审计大学学报,2023,20(03):1-10.

[45] 江泽民.江泽民文选(第一卷)[M].北京:人民出版社,2006:552.

[46] 蒋正峰.历史唯物主义并非"唯经济决定论"[J].广东社会科学,2019(01):89-95.

[47] 焦成焕,魏艳平.从数字资本逻辑走向人本逻辑:数字劳动推动人的自由全面发展[J].山东社会科学,2024(03):97-105.

[48] 杰伦·冯·登·霍温,刘欣.面向联合国可持续发展目标的负责任创新和全局性工程[J].大连理工大学学报(社会科学版),2018,39(02):1-5.

[49] 康熙宇,方明.文化资本对高等教育起点公平影响探究[J].蚌埠学院学报,2022,11(06):97-102,106.

[50] 李柏红.费边社会主义的理论渊源、思想价值及其当代意义[J].山东社会科学,2020(12):114-119.

[51] 李风华,李风琦.我们需要什么样的社会福利改进——论帕累托改进的伦理约束[J].哲学动态,2019(02):96-103.

[52] 李红松.非正式契约视角下高等教育投资收益的归属逻辑探究[J].黑龙江高教研究,2024,42(02):76-83.

[53] 李红星.中国农村反贫困的教育途径探索[J].东北农业大学学报(社会科学版),2011,9(05):45-47.

[54] 李梦云,余其安.促进人民精神生活共同富裕的价值意蕴与实践路向[J].中国高校社会科学,2024:76-83,159.

[55] 李启东.主观主义的哲学来源和主要表现[J].中共乌鲁木齐市委党校学报,2021(01):17-21.

[56] 李琼.新中国高校学生资助政策的历史回顾与未来展望[J].福建师范大学学报(哲学社会科学版),2021(05):121-130,170-171.

[57] 李瑞琳.功能论视阈下高等教育促进共同富裕的逻辑理路与实践路径[J].高校教育管理,

2024,18(01):92－100.

[58] 李韬.数字社会视域下中国式现代化与人的全面发展[J].人民论坛,2024(04):51－53.

[59] 李兴洲.公平正义:教育扶贫的价值追求[J].教育研究,2017,38(03):31－37.

[60] 李移伦,刘红兵.职业教育服务精准扶贫与乡村振兴战略有效衔接策略的探索[J].长沙航空职业技术学院学报,2024,24(01):61－64.

[61] 李永春,刘天子.人力资本理论的发展及其公共教育政策的呈现[J].教育与经济,2022,38(03):73－80.

[62] 李月,刘义兵.优势视角下教育赋能农民共同富裕的创新路径研究[J].江苏大学学报(社会科学版),2023,25(03):112－124.

[63] 李章忠.城市建设资金来源渠道及运用探析[J].中共四川省委党校学报,2017(02):65－68.

[64] 连飞,王玄,李顺天.新发展阶段共同富裕的发展水平及进程监测研究[J].经济界,2024(02):3－11.

[65] 联合国教科文组织:一起重新构想我们的未来:为教育打造新的社会契约[EB/OL].https://zys.seu.edu.cn/2022/1114/c42758a427301/page.htm.

[66] 廖逸儿,原珂.公共财政如何促进教育公平?——基于广东省"基础教育创强"专项资金绩效评价[J].北京理工大学学报(社会科学版),2018,20(06):153－162.

[67] 林涛,赖浩明.用社会主义核心价值观指导学生党员励志教育[J].南昌教育学院学报,2016,31(04):7－9,58.

[68] 刘晋如,朱炳元.马克思反贫困思想的演变与发展——基于《1844年经济学哲学手稿》和《资本论》的文本考察[J].当代经济研究,2022(11):16－25.

[69] 刘婧钰,李孝川.乡村学校家校协同共育的现实困境及突围路径——基于布迪厄资本理论的视角[J].楚雄师范学院学报,2024,39(01):111－117.

[70] 刘凯,隆舟,刘备备,等.何去何从?通用人工智能视域下未来的教师与教师的未来[J].武汉科技大学学报(社会科学版),2018,20(05):565－575.

[71] 刘力波,赵亮.马克思恩格斯反精神贫困思想及其当代启示[J].思想教育研究,2023(12):51－57.

[72] 刘莉,任广乾.新质生产力推进中国式现代化的价值意蕴、理论逻辑与实践指向[J].财会月刊:1－5.

[73] 刘欣.致贫原因、贫困表征与干预后果——西方贫困研究脉络中的"精神贫困"问题[J].中国农业大学学报(社会科学版),2019,36(06):96－103.

[74] 刘耀东,柯冷日.精神生活共同富裕的伦理意蕴[J].新疆师范大学学报(哲学社会科学版):1－9.

[75] 刘祎莹.当代文化再生产的可能性及限制——关于布尔迪厄思想的理论论争与本土考量[J].复旦教育论坛,2023,21(06):13－22.

[76] [美]鲁格尔.人工智能复杂问题求解的结构和策略[M].赵志崑,史忠植,张银奎,译.北京:机械工业出版社,2010:1.

[77] 罗叶丹,褚湜婧.矛盾论视域下推动精神生活共同富裕的理论初探[J].江西师范大学学报

（哲学社会科学版），2023,56(04):35 - 42.

[78]马楠.民族地区特色产业精准扶贫研究——以中药材开发产业为例[J].中南民族大学学报（人文社会科学版），2016,36(01):128 - 132.

[79][美]马文·明斯基.创造性思维：人工智能之父马文·明斯基论教育[M].晚成，刘东昌，张海东，译.北京：人民邮电出版社，2020:11.

[80]马新文.阿玛蒂亚·森的权利贫困理论与方法述评[J].国外社会科学，2008(02):69 - 74.

[81]毛泽东.矛盾论[M].北京：人民出版社，1975:59.

[82]美国人工智能倡议首年年度报告.赛博研究院[EB/OL].https://www.sicsi.org.cn/Home/index/look/id/354/type/%E4%BA%A7%E4%B8%9A%E7%A0%94%E7%A9%B6.

[83]缪仁亮，潘锡泉.职业教育高质量发展促进共同富裕的内在机理及实践路径[J].教育与职业，2024(06):90 - 97.

[84]潘凤，闫振坤.德国历史学派是建构中国经济学的理想范式吗？[J].社会科学动态，2021(06):23 - 27.

[85]齐峰，陈曙光.元宇宙赋能精神生活共同富裕：实践图景、现实限度与优化策略[J].天津师范大学学报（社会科学版），2023(04):1 - 7.

[86]钱力，倪修凤.贫困人口扶贫政策获得感评价与提升路径研究——以马斯洛需求层次理论为视角[J].人文地理，2020,35(06):106 - 114.

[87]钱燕娜.新时代坚定中华文化自信自强之必然性探赜[J].天水行政学院学报，2024,25(02):34 - 39.

[88]邱利见.精准滴灌：补齐教育扶贫短板的良策[J].人民论坛，2019(34):56 - 57.

[89]邱小健，李江楠，邱恬.我国中等职业教育学生资助政策研究[J].华东师范大学学报（教育科学版），2023,41(08):103 - 116.

[90]饶勇，徐圆，骆泽铭.旅游扶贫开发模式、关系性嵌入与知识转移关系[J].广西民族大学学报（哲学社会科学版），2015,37(06):128 - 133.

[91]任庆东，王璐璐.通过教育数据挖掘和学习分析促进教与学[J].自动化与仪器仪表，2016(10):193 - 194.

[92]任增元，沈玥彤.东北三省高等教育助力共同富裕的实证研究[J].现代教育管理，2024(03):31 - 41.

[93]阮一帆，明月.试论精神生活共同富裕视域下精神生产的有效供给——基于马克思精神生产理论的分析[J].社会主义研究，2023(05):18 - 25.

[94][美]塞尔·约翰.心灵、语言和社会：实在世界中的哲学[M].李步楼，译.上海：上海译文出版社，2006:73.

[95]商诗娴，王建新.困境与优化：精神生活高质量发展的当代透视[J].思想教育研究，2023(09):82 - 88.

[96]申云，潘世磊，吴平.新型农村社区"三社联动"治理：模式转换与创新路径——基于多案例比较分析[J].农村经济，2021(06):87 - 95.

[97]世界银行.世界发展报告[M].北京：中国财政经济出版社，2001:28.

[98] 舒成利,刘芳颖,赵晶旭,等.数字平台场域互动观的建构研究[J].华东经济管理,2024,38(04):59 - 71.

[99] [日]松尾丰.人工智能狂潮:机器人会超越人类吗?[M].赵函宏,高华彬,译.北京:机械工业出版社,2016:13.

[100] 宋岛馨,毕红梅.论精神生活共同富裕的人民逻辑[J].社会主义研究,2023(05):26 - 32.

[101] 苏芳芳,盖庆恩.谁能返乡再就业——来自回流人口工作分化的微观证据[J].山西财经大学学报,2024,46(01):1 - 14.

[102] 孙璐,庞昌伟.新自由主义经济学范式批判[J].学海,2020(05):93 - 100.

[103] 孙晓春.平均主义与中国传统社会的国家治理[J].四川大学学报(哲学社会科学版),2022(05):183 - 192.

[104] 孙元涛,陈港.共同富裕时代教育价值的内敛与提升——马克思人的全面发展理论的时代性转化[J].教育研究,2023,44(12):67 - 75.

[105] 谈力群,郭孝文.论邓小平教育思想的管理特质[J].学术探索,2015(01):79 - 82.

[106] 唐任伍.全球减贫治理的中国智慧[J].人民论坛,2017(30):56 - 57.

[107] 涂元玲.培养自我发展能力:抓牢学生立德成人的枢纽[J].中小学管理,2021(08):49 - 51.

[108] 外交部.中国实施千年发展目标报告(2000—2015 年)[R].2015.

[109] 王丹,陈佳欣,史和佳,等.阶层流动还是阶层复制? 再读文化资本理论并兼谈"底层文化资本"[J].复旦教育论坛,2023,21(06):54 - 62.

[110] 王丰.精神生活共同富裕评价指标体系构建[J].西南大学学报(社会科学版),2023:35 - 51.

[111] 王岚.因教返贫与依教反贫:乡村振兴背景下职业教育可持续性精准帮扶的困境与突破[J].黑龙江高教研究,2024,42(03):142 - 147.

[112] 王蒙蒙,朱宁波,张悦歆.融合教育区域协同教研:机制、困境与突破[J].中国特殊教育,2023(11):34 - 42.

[113] 王敏.我国农村人力资本投资探析——基于舒尔茨的人力资本理论视角[J].生产力研究,2011(05):26 - 28.

[114] 王婷.新时代历史虚无主义的多维审思[J].南方论刊,2023(12):3 - 4,8.

[115] 王艳萍,李国庆,李涵.人工智能的福利经济学分析[J].当代经济,2022,39(08):10 - 16.

[116] 王奕俊,邱伟杰,陈群芳.职业教育对于共同富裕贡献度测度分析与提升策略[J].教育发展研究,2023,43(03):75 - 84.

[117] 王玉龙,洪世华.数字技术赋能乡村义务教育供给的价值逻辑与实践路径[J].现代教育技术,2024,34(04):80 - 89.

[118] 王战军,李旖旎.数智时代我国高等教育评估体系的转型与重构[J].大学教育科学,2024(02):106 - 117.

[119] 王兆鑫,陈彬莉,王曦影."学业文化资本"的彰显与式微:精英大学农村第一代大学生的求学历程[J].重庆高教研究,2023,11(06):31 - 42.

[120] 翁列恩,杨竞楠.大数据驱动的政府绩效精准管理:动因分析、现实挑战与未来进路[J].

理论探讨,2022(01):86－93.

[121] 吴朝邦,左亚文.新时代精神生活共同富裕指标体系构建探究[J].广西社会科学,2023:100－107.

[122] 吴玲达.多媒体技术[M].北京:电子工业出版社,2003:5.

[123] 吴晓蓉,许见华.教育扶贫须以提升基础教育质量为保障[J].教育与经济,2020,36(03):3－9.

[124] 武国剑,朱玲利.大学生感恩励志教育的理路探究[J].思想教育研究,2017(07):110－113.

[125] 习近平.高举中国特色社会主义伟大旗帜 为全面建设社会主义现代化国家而团结奋斗[N].人民日报,2022－10－26.

[126] 习近平.决胜全面建成小康社会　夺取新时代中国特色社会主义伟大胜利[N].人民日报,2017－10－28(001).

[127] 习近平.加快建设教育强国　为中华民族伟大复兴提供有力支撑[N].人民日报,2023－05－30(001)

[128] 习近平.在纪念毛泽东同志诞辰130周年座谈会上的讲话[J].党建,2024(01):5－10.

[129] 习近平.中国人民生活一定会一年更比一年好——习近平总书记在十九届中共中央政治局常委同中外记者见面时的讲话[J].人民论坛,2017(S2):12－13.

[130] 习近平在中共中央政治局第二十七次集体学习时强调　完整准确全面贯彻新发展理念 确保"十四五"时期我国发展开好局起好步[J].思想政治工作研究,2021(02):6－7.

[131] 向天成,罗红芳.论文化扶贫的实践理路——基于马克思需要理论视角[J].贵州民族研究,2019,40(10):45－51.

[132] 向志强.人力资本生命周期与人力资本投资[J].中国人口科学,2002(05):13－19.

[133] 肖丽,肖蓉.新时代立德树人视域下高校学生资助育人工作创新路径研究[J].湖南社会科学,2022(05):14－21.

[134] 谢地,武晓岚.健康中国建设的政治经济学解析[J].山东大学学报(哲学社会科学版),2024(03):1－15.

[135] 谢治菊,张柏珊.东西部协作务工人员稳岗就业困境与调适[J].中共福建省委党校(福建行政学院)学报,2023(05):98－110.

[136] 徐德云.从规范到实证:论帕累托最优的唯一性与第一、第二福利定理的修正[J].财贸研究,2018,29(12):28－38,79.

[137] 徐家良,成丽姣.慈善教育是实现共同富裕的重要供给侧[J].华东师范大学学报(教育科学版),2023,41(10):92－103.

[138] 徐鹏,王以宁,刘艳华,等.大数据视角分析学习变革——美国《通过教育数据挖掘和学习分析促进教与学》报告解读及启示[J].远程教育杂志,2013,31(06):11－17.

[139] 徐伟侠.中国式教育现代化背景下高校"三全育人"落实机制研究[J].内蒙古师范大学学报(教育科学版),2024,37(01):1－6,19.

[140] 杨虎涛,徐慧敏.演化经济学的循环累积因果理论——凡勃伦、缪尔达尔和卡尔多[J].福建论坛(人文社会科学版),2014(04):28－32.

［141］杨清溪,高书雅.人民美好教育需求下的义务教育学校功能与服务改进［J］.社会科学战线,2024(04):276－280.

［142］杨芸.以就业优先扎实推进共同富裕:逻辑、难点与优化路径［J］.山东行政学院学报,2024(01):59－67.

［143］姚云云.基于人文贫困维度的中国农村扶贫政策重构——发展型社会政策的逻辑［J］.西安电子科技大学学报(社会科学版),2014,24(06):1－9.

［144］袁富民,张晖.精神生活共同富裕的本质规定、内在结构与促进路径［J］.伦理学研究,2023(6):24－28.

［145］袁澍清,王刚.区块链技术与数据挖掘技术对数字经济发展的推动作用研究［J］.西安财经大学学报,2022,35(04):54－64.

［146］岳映平,贺立龙.精准扶贫的一个学术史注角:阿玛蒂亚·森的贫困观［J］.经济问题,2016(12):17－20,56.

［147］詹国辉,张新文.教育资本对城乡收入差距的外部效应［J］.财贸研究,2017,28(06):37－46.

［148］张乐.缪达尔:发展经济学的先驱——1974年诺贝尔经济学奖得主［J］.中国经济评论,2021(09):94－95.

［149］张明杰,吴荣顺.教育扶贫资金的运行与监管［J］.人民论坛,2019(24):156－157.

［150］张仙凤.精神生活共同富裕指标体系的构建探析［J］.理论视野,2023(11):59－64.

［151］张衍,王洪东.库兹涅茨倒U曲线再讨论［J］.经济纵横,2023(03):26－34.

［152］张旭.新媒体技术下大学生全面发展的理论思考——以马克思主义“人的全面发展”理论为视角［J］.江苏高教,2020(01):102－106.

［153］张远航,郭驰.“三全育人”视域下高校资助育人的逻辑建构［J］.思想理论教育,2020(07):107－111.

［154］赵为民.义务教育均等化供给与居民收入再分配——基于农村微观数据的实证研究［J］.财经理论与实践,2023,44(02):71－80.

［155］赵修义.“平均主义”究竟意味着什么——对不同语境下“平均主义”一词意蕴的辨析［J］.探索与争鸣,2013(07):14－21.

［156］赵振君.乡村振兴背景下电子商务专业人才培养的案例教学研究——以农村电商课程为例［J］.西昌学院学报(社会科学版),2024,36(02):122－128.

［157］郑烨.后扶贫时代精神扶贫助力贵州乡村振兴研究［J］.农业开发与装备,2024(01):7－11.

［158］中共中央马克思恩格斯列宁斯大林著作编译局.列宁全集(第19卷)［M］.北京:人民出版社,1959:126,132,134.

［159］中共中央马克思恩格斯列宁斯大林著作编译局.列宁全集(第28卷)［M］.北京:人民出版社,1960:70.

［160］周晔.城乡义务教育一体化治理及其路径探析［J］.当代教育科学,2015(04):10－13.

［161］朱成科,李东青.乡村义务教育质量评价的困境及破解之道［J］.教育科学探索,2024,42(02):43－49.

［162］朱德全,彭洪莉.职业教育促进共同富裕的发展指数与贡献测度——基于教育生产函数的测算模型与分析框架［J］.教育研究,2024,45(01):16-29.

［163］朱德全,熊晴.共享式发展:职业教育服务共同富裕的四维统筹制度设计与实施路径［J］.湖北民族大学学报(哲学社会科学版),2024,42(02):147-158.

［164］朱富强.重新确立收入分配在经济学中的中心地位［J］.红旗文稿,2014(23):33-36,1.

［165］朱敬,蔡建.从"人工智能能做什么"到"教育需要人工智能做什么"——兼论教育需求的隐匿与突显［J］.中国教育学刊,2020(10):15-20.

［166］宗晓华,杨素红,秦玉友.追求公平而有质量的教育:新时期城乡义务教育质量差距的影响因素与均衡策略［J］.清华大学教育研究,2018,39(06):47-57.

索　引